INSTITVTES COVSTVMIERES, OV MANVEL

DE PLVSIEVRS ET DIVERSES Reigles, Sentences, & Prouerbes, tant anciens que modernes, du Droict Coustumier & plus ordinaire de la France.

Par M. ANTOINE LOISEL, *Aduocat en Parlement.*

A PARIS,
Chez HENRY LE GRAS, au troisiesme Pilier de la grande Salle du Palais.

M. DC XXXVII.

A. E. G. L. A. L. D. B. Tout ainsi que nostre grand maistre & Docteur commun du Droict Romain nous enseignoit qu'il falloit soigneusement aduiser aux reigles & principes de chacune partie d'iceluy; ainsi ay-ie pris peine & plaisir tout ensemble, en le pratiquant auec nostre Droict François, par l'espace de quarante ans, & plus, de remarquer en nos Coustumes & vsage ce qui auoit apparence de reigle ou sentence: & les assemblant peu à peu, les arranger en quelque meilleur ordre: esperant que double profit en aduiendroit. L'vn en ce qu'elles pourroient seruir & à vous & à d'autres moins experimentez d'instruction ou Institutes coustumieres du droict de nostre France. L'autre en ce que les plus sçauans seroient inuitez de communiquer au public, ce qu'ils en ont, ou pourront plus heureusement recueillir. Et qu'apres tant de ramas confus & incertains, l'on ne desdai-

guera point ceste simplicité d'escrire en laquelle nous voyons les deux Sceuoles, Nerace, Caie, Papinian, Paul, Vlpian, Pompone, Martian, Rufin, & autres Iurisconsultes s'estre employez, & le Prince des Medecins acquis vn loz immortel: se trouuant aussi par fois icy la resolution de quelques poincts des plus douteux & controuersez. Et par aduenture en aduiendroit-il vn troisiesme qui surpasseroit de beaucoup les deux autres. Qui seroit que tout ainsi que les Prouinces, Duchez, Comtez, & Seigneuries de ce Royaume regies & gouuernees sous diuerses coustumes, se sont auec le temps rengees sous l'obeïssance d'vn seul Roy, & quasi de sa seule & vnique monnoye; ainsi en fin se pourroyent elles enfin reduire à la conformité, raison, & equité d'vne seule loy, coustume, poids & mesure sous l'auctorité de sa M. Vous pouuant asseurer que la plusspart de ce qui est icy proiecté, se trouuera extraict de la source & origine du droict ancien coustumier, & plus ordinaire de ce Royaume, vsage & practique d'iceluy : n'y ayant apporté que bien peu du mien, auec l'ordre & la liaison, dont i'ay appris qu'il faut tousiours auoir grand soing. Que si vous trouuez quelque obscurité, ou trop grande antiquité en aucunes de ces reigles, la practique d'icelles vous les esclaircira de plus en plus, & monstrera qu'elles seruent grandement à la recognoissance de nostre droict François. Comme si quelques vnes d'icelles ne semblent, ou en effect ne sont perpetuellement vrayes, souuenez-vous qu'il faut du commencement tenir pour reigle ce qui est plus vniuersel & general, ores qu'il y ait des exceptions, & en effect, que la premiere reigle de toutes les reigles est celles-cy.

NVLLE REIGLE SANS FAVTE.

TITRES.

PREMIER LIVRE.

II. LIVRE.

III. LIVRE.

IV. LIVRE.

V. LIVRE.

VI. LIVRE.

INSTITVTES COVSTVMIERES,

OV

DE PLVSIEVRS ET DIuerses Reigles, Sentences, & Prouerbes du Droict coustumier & plus ordinaire de la France.

LIVRE PREMIER.

Des personnes. TITRE PREMIER.

VI veut le Roy, si veut la loy.

II.

Le Roy ne tient que de Dieu & de l'espée.

III.

Le Roy ne meurt iamais.

IIII.

Tous les hommes de ſon Royaume luy ſont ſubiets.

V.

Au Roy ſeul appartient de prendre tribut ſur les perſonnes.

VI.

Toutes perſonnes ſont franches en ce Royaume, & ſi toſt qu'vn eſclaue a attaint les marches d'iceluy, ſe faiſant baptiſer, il eſt affranchy.

VII.

Et ſont nobles ou roturiers.

VIII.

Les roturiers ſont bourgeois, ou vilains.

IX.

Nobles eſtoient iadis, non ſeulement les extraits de noble race en mariage, ou qui auoient eſté annoblis par lettres du Roy, ou pourueus d'offices nobles: mais aussi ceux qui tenoient fiefs, & faisoient profession des armes.

X.

A raison dequoy il n'estoit point permis aux roturiers de tenir fief sans congé & permission du Prince.

XI.

Aujourd'huy toute personne peut tenir fiefs : aussi n'annoblissent ils point : s'il n'y auoit titre de grande dignité.

XII.

Nul ne peut annoblir que le Roy.

XIII.

Le moyen d'estre annobly sans lettres est d'estre faict Cheualier.

XIIII.

Nul ne doit seoir à la table du Baron s'il n'est Cheualier.

XV.

Pauureté n'est point vice, & ne desanoblit point.

XVI.

Longueur du temps n'estaint noblesse ny franchise.

XVII.

Les nobles sont proprement subjects du Roy.

XVIII.

Les roturiers & vilains sont iusticiables des seigneurs desquels ils sont couchans & leuans.

XIX.

Sinon qu'il soit question d'heritages qu'ils tiennent ailleurs, ou qu'ils soient Bourgeois du Roy.

XX.

Droict de bourgeoisie s'acquiert par demeure par an & iour, ou par adueu és lieux où il y a droict de parcours & entrecours.

XXI.

Par quelques coustumes la verge annoblit, & le ventre affranchit.

XXII.

Naturellement les enfans nez hors mariage suiuent la condition de la mere.

XXIII.

En mariage legitime ils suiuent la condition du pere.

XXIIII.

Et en for mariage, le pire emporte le bō.

XXV.

L'adueu emportoit l'homme, & estoit iusticiable de corps & de chastel où il couchoit & leuoit : mais par l'ordonnance du Roy Charles IX. les delicts sont punis où ils sont commis.

XXVI.

Le vilain ou roturier estoit semond du matin au soir, ou du soir au matin : Au noble, il falloit quinzaine.

XXVII.

D'vn vilain, autre que le Roy ne peut faire Cheualier.

XXVIII.

Car vilain ne sçait que valent esperons.

XXIX.

Moult plus est tenu le franc homme

à ſon ſeigneur par l'hommage & honneur qu'il luy doit, que n'eſt le vilain pour ſes rentes payant.

XXX.

Oignez vilain il vous poindra : Poignez vilain, il vous oindra.

XXXI.

Sergent à Roy eſt pair à Comte.

XXXII.

Le ſous-aagé n'a ny voix ny reſpons à Court.

XXXIII.

L'aage parfaict eſtoit à quatorze ans, par l'ancienne Couſtume de la France.

XXXIIII.

Femmes ont voix & reſpons en Court, & ſi reçoiuent miſes & arbitrages.

XXXV.

Comme femme franche eſt annoblie par ſon mary, meſmes pendant ſon veufuage, auſſi femme noble eſt faicte roturiere par ſon mary.

XXXVI.

Droict de puiſſance paternelle n'a lieu.

XXXVII.

Feu & leu ſont mancipation ce dict Braſſas : & enfans mariez, ſont tenus pour hors de pain & pot, c'eſt à dire emancipez.

XXXVIII.

Enfans de famille, & femmes mariees ſont tenuës pour auctoriſez de leurs peres & maris en ce qui eſt du faict des marchandiſes dont ils s'entremettent au ſceu de leurs peres & maris.

XXXIX.

Enfans nais auant le mariage, mis ſoubs le poille ſont legitimez.

XL.

Quelques couſtumes dient qu'vn baſtard, depuis qu'il eſt nay eſt entendu hors de pain : mais l'on iuge que qui fait l'enfant le doit nourrir.

XLI.

Baſtards peuuent acquerir & diſpoſer de leurs biens, tant entre vifs, que par teſtament.

XLII.

Maistre Martin Doublé, tenoit que bastards ne pouuoient receuoir laigs de pere, ny de mere: Ce qui se doit entendre de laigs excedant leur nourriture.

XLIII.

Bastard aduoüé, retenoit le nom & la noblesse de la maison de son pere, auec les armes d'icelles barrees à gauche: Mais par l'Ordonnance du Roy Henry le Grand, il leur faut lettres.

XLIIII.

Bastards ne succedent point ores qu'ils soient legitimez, si ce n'est du consentement de ceux qui y ont interest.

XLV.

Aussi personne ne leur succede, sinon leurs enfans nez en loyal mariage.

XLVI.

En defaut d'enfans, leur succession appartient au Roy, ou aux seigneurs hauts iusticiers en la terre desquels ils sont nez, domiciliez, & decedes,

XLVII.

En dispense de bastard ceste condition est tousiours entenduë s'il est né de femme franche.

XLVIII.

Aubains sont estrangers qui sont venus s'habituer en ce Royaume, ou qui en estans natifs s'en sont volontairement estrangez.

XLIX.

Aubins ne peuuent succeder ny tester que iusques à cinq sols, & pour le remede de leurs ames.

L.

Bien peuuent-ils acquerir & disposer de leurs biens entre vifs.

LI.

S'ils ne laissent des enfans nés, & demeurans au Royaume, ou d'autres parens naturalisez & y demeurans, le Roy leur succede.

LII.

Et non autres seigneurs, s'ils n'y sont

fondez en tiltre, & permission expresse du Roy.

LIII.

Ny pareillement leurs parens naturalisez tant qu'il y en a de regnicoles, ores que plus esloignez en degré.

LIIII.

Aubins ne peuuent tenir offices, ny benefices, fermes du Roy, ny de l'Eglise.

LV.

Le tout s'ils ne sont naturalisez par lettres du Roy verifiees en la chambre des Comptes.

LVI.

Gens d'Eglise, de Communauté & morte main peuuent acquerir au fief seigneurie, & censiue d'autruy: mais ils sont contraignables dans vuider leurs mains dans l'an & iour du commandement à eux faict apres l'exhibition de leur contract.

LVII.

Apres l'an ils n'y peuuent estre contraints, mais ſont tenus en payer indemnité au ſeigneur & prendre admortiſſement du Roy.

LVIII.

Nul ne peut admortir que le Roy.

LIX.

L'admortiſſement de ce qui eſt tenu immediatement du Roy : s'eſtime couſtumierement à la valeur du tiers de la choſe.

LIX.

Ce qui eſt tenu mediatement d'autruy ne s'eſtime pas tant, d'autant qu'outre ce, il faut payer l'indemnité au ſeigneur.

LXI.

Le droit d'indemnité du ſeigneur s'eſtime au tiers, cinquieſme, ou ſixieſme de la valeur de la choſe cenſuelle.

LXII.

Car quant à ce qui eſt tenu en fief, il en faut bailler homme viuant, & mourant, voire confiſquant au ſeigneur haut iuſticier.

LXIII.

Par la mort duquel vassal est deu plain rachapt.

LXIIII.

Droict d'indemnité est personnel, & n'est deu qu'vne seule fois.

LXV.

Tenir en main-morte, franc alleu, ou franc aumosne est tout vn en effect.

LXVI.

Mais l'Eglise, & autres communautez tiennent en main-morte, & les particuliers en franc alleu, ou franc aumosne.

LXVII.

L'vn ne l'autre ne doiuent seruice, censiue, ny redeuance: Mais sont tenus bailler par declaration au Roy ou à leur seigneur Suzerain & Iusticier.

LXVIII.

Terre sortant de main-morte, rentre en la sujection de feudalité, ou censiue.

LXIX.

L'Eglise n'a ny fisc ny territoire.

LXX.

Il y a des fiefs & main-mortes de corps & de meubles, & autres d'heritages.

LXXI.

Le serf ne succede poinct au franc, ny le franc au serf.

LXXII.

Auant qu'vn serf manumis par son seigneur soit franc, il faut qu'il paye finance au Roy.

LXXIII.

Serfs ou main-mortables ne peuuent tester: & ne succedent les vns aux autres, sinon tant qu'ils sont demeurans en commun.

LXXIV.

Car le plus souuent, vn party, tout est party: & le chanteau part le vilain.

LXXV.

Le feu, le sel, & le pain partent l'homme morte-main.

LXXVI.

Argent rachapte morte-main.

LXXVII.

Serf ou homme de mainmorte ne peut estre fait Cheualier.

LXXVIII.

Ny prestre sans le congé de son seigneur.

LXXIX.

Et l'estant, n'est point deschargé de rien, fors des coruées de son corps.

LXXX.

La femme serue n'est annoblie par son mary.

LXXXI.

Le seigneur a droict de suitte, & de formariage sur ses serfs.

LXXXII.

Vn seul enfant estant en celle resqueust la mainmorte.

LXXXIII.

Les droicts de seruitude sur prisonniers de guerre n'ont lieu en Chrestienté, & peuuent tester.

De Mariage. TIT. II.

I.

FILLE fiancée n'eſt priſe ny laiſſée. Car tel fiance qui n'eſpouſe point.

II.

Les mariages ſe font au ciel & ſe conſomment en la terre.

III.

On dict communement, qu'en mariage il trompe qui peut, qui procede de ce que nos Maiſtres nous apprennent que *dolus dans causam contractui matrimonij non reddit illum ipſo iure nullum.*

IIII.

Et neantmoins toutes contre-lettres y ſont defenduës.

V.

Enfans de famille ne ſe peuuent marier ſans le congé de leurs peres & meres s'ils ne ſont majeurs les fils de trente ans, & les filles de vingt cinq, ſur peine de pouuoir eſtre desheritez.

VI.

L'on diſoit boire, manger, coucher enſemble, c'eſt mariage ce me ſemble. Mais il faut que l'Egliſe y paſſe.

VII.

Hommes & femmes mariez ſont tenus pour emancipez.

VIII.

Qui eſpouſe le corps, eſpouſe les debtes: ſinon qu'il ſoit autrement conuenu, & à ceſte fin faict inuentaire.

IX.

Et ſont les mariez communs en tous biens meubles & conqueſts immeubles du iour de leur benediction nuptiale.

X.

A laquelle communauté les veufues nobles de ceux qui mourroient au voyage d'outre mer, eurent priuilege de pouuoir renoncer: Et depuis en general toutes les autres.

XI.

Ce qui a depuis eſté eſtendu iuſques

aux

aux roturiers, par l'auctorité & inuention de maistre Iean Iaques de mesme.

XII.

Le mari ne pouuant directement, ny indirectement obliger les propres de sa femme.

XIII.

Ladite renontiation se doit faire dans les quarante iours : le terme de quarante iours & quarante nuits estant de l'ordinaire des François.

XIV.

Car ce qui se disoit iadis, que le mary se deuoit releuer trois fois la nuict pour vendre le bien de sa femme, a finalement esté reprouué par plusieurs Arrests & Coustumes modernes.

XV.

L'on ne peut plus honnestement vendre son heritage qu'en constituant vn grand dot à sa femme.

XVI.

Le mary est maistre de la communauté, possession & iouyssance des propres de sa femme, & non de la proprieté d'iceux.

XVII.

Car quant à ce qui concerne la proprieté des propres de la femme : il faut que tous deux y parlent selon la coustume de la France, remarquée par Iean Faure.

XVIII.

Debte de propres de la femme alienez est de communauté.

XIX.

Encores ne peut il disposer des biens de la communauté au profit de son heritier presumptif, ny par testament au preiudice de sa femme.

XX.

Femmes franches sont en la puissance de leurs maris, & non de leurs peres.

XXI.

Ne peuuent contracter, ny ester en iugement sans l'auctorité d'iceux. Mais bien disposer par testament : Comme en pays de droict escript, sans l'auctorité de leur pere.

XXII.

Vn mary mineur peut auctoriser sa femme maieur, sans qu'elle s'en puisse faire releuer : mais bien luy.

XXIII.

Si le mary est refusant de les auctoriser, elles seront auctorisées par iustice, & le iugement qui interuiendra contre elles, executé sur les biens de la communauté, icelle dissoluë.

XXIV.

Femme separee de biens, auctorisee par iustice peut contracter & disposer de ses biens, comme si elle n'estoit mariee.

XXV.

Donation en mariage, ny concubinage ne vaut.

XXVI.

Mais mary & femme n'ayans enfans se peuuent entre-donner mutuellement, pourueu dient quelques coustumes, qu'ils soient inels ou egaux en santé, aage & cheuance.

XXVII.

Don mutuel ne saisit point.

XXVIII.

Feu Monsieur le Premier President le Maistre a releué ce prouerbe: Qu'il n'y a si bon mariage qu'vne corde ne rompe.

XXIX.

Le mary faict perdre le dueil à sa femme, mais non la femme au mary.

XXX.

Femme veufue renonçant à la communauté iettoit iadis sa ceinture, sa bource & ses clefs sur la fosse de son mary: maintenant il faut renoncer en iustice, & faire inuentaire.

XXXI.

Si elle recelle, ou destourne, la renonciation qu'elle fera ne luy profite, ains sera tenuë aux debtes, comme commune, & si perdra sa part au recelé ou destourné.

XXXII.

Morte ma fille, mort mon gendre.

XXXIII.

Femme veufue porte le dueil aux despens de son mary.

Des Doüaires. TITRE III.

I.

IADIS femme n'auoit doüaire fors le conuenancé au mariage par ces mots. Et du doüaire te doüe qui est deuisé entre mes amis & les tiens. Depuis par l'establissement du Roy Philippe Auguste de l'an deux cens quatorze, rapportee par Philippes de Beaumanoir, elle a esté doüee de la moitié de ce que l'homme auoit lors qu'il l'espousa fors en la Couronne, Comtez, & Baronnies tenuës d'icelle, & en quelques donjons & forteresses.

III.

Et pareillement de la moitié de ce qui luy eschet en ligne directe, descendant pendant le mariage, selon l'ancien aduis de Maiſtre Eude de Sens, receu contre l'opinion de quelques autres couſtumiers.

III.

Car ſi le mary n'eſtoit de rien ſaiſi, & que ſon pere ou ayeul qui tenoient la terre y furent preſens ou conſentans, la femme aura tel doüaire ſur tous leurs biens apres leur mort que ſi ſon mary les euſt ſurueſcu.

IIII.

Maiſtre Iean Filleul diſoit qu'aucun doüaire n'eſtoit tenable quand il ſurpaſſoit la moitié du vaillant de celuy qui doüe.

V.

Au coucher gaigne la femme ſon doüaire, ou pluſtoſt des lots de la benediction nuptiale.

VI.

Iamais mary ne paya doüaire.

VII.

Toutes fois s'il eſtoit forbanny ou confiſqué ou ſes heritages ſaiſis & vendus de ſon viuant, on ſe peut oppoſer.

VIII.

La doüairiere s'opposant aux crices de l'heritage sur lequel elle a doüaire faict qu'on le doit vendre à la charge d'iceluy sans qu'elle soit tenuë en prendre l'estimation.

IX.

Si ce n'estoit vne maison sise à Paris decretee pour rentes deuës sur icelle, selon l'ordonnance du Roy Charles septieme.

X.

Doüaire coustumier saisit.

XI.

Doüaire prefix ou conuenancé ne saisissoit point, & se deuoit demander en iugement : Ce qui commence à se corriger quasi par tout.

XII.

Femme qui prend doüaire conuenancé se priue du coustumier.

XIII.

Doüaire en meubles retourne aux hoirs

du mary apres le deceds de la femme: sinon qu'il soit accordé sans retour.

XIIII.

Iadis femme ne prenoit doüaire sur ce où elle auoit don où assignat.

XV.

Don naturel n'enpesche point le doüaire.

XVI.

Femme ne peut renoncer à son doüaire non acquis si elle n'en a esté recompensee ailleurs: mais bien à doüaire ja escheu.

XVII.

Doüaire coustumier ne laisse d'estre deu, ores que la femme n'ait rien apporté.

XVIII.

Doüairiere doit entretenir les lieux de toutes reparatiós viageres, qu'on dit d'entretenement, contribuer au ban & arriere-ban, & payer les autres charges & rentes foncieres, ordinaires: mais non les cóstituees pendant le mariage: celles d'auparauant diminuans autant le doüaire.

XIX.

L'heritier du mary doit releuer l'heritage ſur lequel la femme prend doüaire, & chacun d'eux y eſt condemnable pour le tout, ſauf ſon recours contre ſes coheritiers.

XX.

Doüaires ont taiſible hypotheque & nantiſſement.

XXI.

La veufue peut contraindre l'heritier luy bailler ſon doüaire à part, & l'heritier elle de le prendre.

XXII.

La doüairiere lottit, & l'heritier choiſit.

XXIII.

Doüaire propre aux enfans eſt vne legitime couſtumiere priſe ſur les biens de leur pere par le moyen & benefice de leur mere.

XXIV.

Lequel accroiſt aux enfans du mariage quand l'vn d'eux decede du viuant du pere.

XXV.

Mais s'il decedoit apres la mort du pere, tous ses enfans y succederoient, ores qu'ils ou aucuns d'eux fussent d'vn autre lict, & à faute d'enfans les autres heritiers paternels.

XXVI.

Que si tous les enfans decedent auant le pere, leur droict de doüaire est esteint.

XXVII.

Pendant les vies du pere & des enfans, nul d'eux ne le peut aliener ny hypothequer au preiudice les vns des autres.

XXVIII.

En doüaire n'y a droict d'aisnesse.

XXIX.

Tout ce qui se compte en legitime, se compte en douaire.

XXX.

On ne peut estre heritier & douairier.

XXXI.

Celuy des enfans qui se porte heritier

du pere faict part pour diminuer d'autant le douaire des autres, parce qu'en ce cas n'y a lieu d'accroissement.

XXXII.

Douaire sur douaire n'a lieu, de sorte que quand l'homme est marié plusieurs fois, le secód douaire n'est que du quart, & le troisiesme de la huictiesme partie des biens subiets à iceluy.

XXXIII.

Mais à mesure que les premiers finissent semble raisonnable que les autres s'augmentent selon leur ordre.

XXXIV.

S'augmentent aussi lesdits derniers douaires en ce qu'ils se prennent sur les acquests faicts pendant les premiers mariages, & depuis.

XXXV.

Le douaire qui est propre aux enfans ne se prescript encontr'eux du viuant de leur pere, & n'en commence la prescription que du iour de son deceds.

XXXVI.

Tant que la femme & les enfans viuent le douaire est en incertitude, & s'appelle douaire esgaré.

XXXVII.

La douairiere gaigne les fruicts si tost qu'ils sont perceus, & son heritier les perd si elle decede auparauant.

XXXVIII.

Femme qui forfait en son honneur perd son douaire, s'il y en a eu plainte par le mary. Autrement l'heritier n'est receuable d'en faire querelle.

XXXIX.

Femme se remariant, ne doit perdre son douaire.

De Vourie, Main-Bournie, bail, garde, tutelle & curatelle. TITRE IIII.

I.

BAil, garde, main-bour, gouuerneur, legitime administrateur & regentant, sont quasi tout vn, combien que iadis, & encores en aucuns lieux garde se dit en ligne directe, & bail en collaterale.

II.

Les enfans sont en la vourie & mainbournie de leurs pere ou mere soient francs ou serfs, maieurs ou mineurs.

III.

Le mary est bail de sa femme.

IIII.

Il n'accepte garde, ny bail, qui ne veut.

V.

Tuteur & curateur n'est qu'vn.

VI.

Les tuteles sont datiues.

VII.

Toutesfois quant par le testament y a tuteur nommé, il doit estre confirmé, si les parens n'alleguent cause legitime que le deffunct eust vray-semblablement ignoré.

VIII.

Les baillies ou gardes sont coustumieres.

IX.

Le mineur n'a bail ny tutelle d'autruy.

X.

Gardiens & baillistres sont tenus faire visiter les lieux dont ils iouissent, à fin de les rendre en bon estat.

XI.

Qui bail ou garde prend, quitte le rend.

XII.

Par l'ancienne coustume de France les gardiens ou baillistres ny les nobles mineurs de vingt ans, & les non nobles de quatorze ne pouuoient intenter, ny estre contraincts de defendre en action petitoire de ce dont ils estoient saisis, comme heritiers. Ce qui fut corrigé par l'ordonnance du Roy Philippes de Valois, de l'an 1330. en les pouruoyant à ceste fin de curateurs.

XIII.

Bail se reigle le plus souuent selon les successions, & se donne coustumieremét à ceux qui sont plus proches du costé dont le fief vient.

XIV.

En vilainie, cotterie, ou roture, n'y a bail.

XV.

En pareil degré l'aisné sera preferé aux autres.

XVI.

Les baillistres qui entrent en foy en leurs noms, la reçoiuent aussi des vassaux de leurs mineurs, & en prennent les rachapts.

XVII.

Garde doit rachapt & finance pour

les fiefs dont il faict les fruicts siens.

XVIII.

Relief de bail se paye toutesfois & quantes qu'il y a nouueaux baillistres.

XIX.

Tuteurs & curateurs n'entrent point en foy, aussi ne doiuent ils point de rachapt, ains demandent souffrance pour leurs mineurs, laquelle leur doit estre accordee: Mais peuuent receuoir l'hommage des vassaux.

XX.

Baillistres ny tuteurs ne reçoiuent adueu, & ne les baillent.

XXI.

Bail ou garde ne se peut transporter à autruy.

XXII.

Bail ou garde se pert par mes-vsage, ou quand le gardien se remarie, & finit par la maiorité ou deceds du mineur.

XXIII.

La maiorité en ce cas est aux masles à

quatorze, quinze, dix-huit, & vingt ans, selon la diuersité des Coustumes: mais en ce qui concerne l'alienation de l'immeuble, elle se doit prendre à vingt cinq ans.

XXIIII.

Si le baillistre rend la terre à son mineur auant son aage, ses hommes ne luy feront point hommage s'ils ne veulent: Comme aussi son seigneur ne l'y receura point s'il ne luy plaist.

XXV.

Tuteurs & baillistres doiuent incontinent faire inuentaire des meubles & tiltres des mineurs.

XXVI.

Inuentaires peuuent estre faicts à la queste de ceux qui y pretendent interest.

XXVII.

Et par nos Coustumes se faisoient par les Notaires & Tabellions, selon ce qui est remarqué par Iean Faure.

De Compte. TIT. V.

I.

NVL ne reçoit la chose d'autruy qu'il n'en doiue rendre compte.

II.

Tuteurs & autres subiects à compte, doiuent faire & recepte & despense entiere, les iustifier & payer le reliqua.

III.

En compte n'y a point de prouision.

IIII.

Qui compte seul, compte deux fois, comme celuy qui conte sans son hoste.

V.

Comptes se rendent aux despens de l'oyant, mais le rendant les auance.

VI.

Vice ou erreur de calcul & de compte se purge en tout temps, qui est ce qu'on dict, A tout bon compte reuenir.

LIVRE II.

De la qualité & condition des choses.

TITRE I.

I.

TOVS biens sont meubles ou immeubles.

II.

Immeubles sont biens aleuds, amortis, feodaux, roturiers, tenus à droictures, cés & rentes foncieres, & constituees, baux d'heritages à emphyteuse & longues années, ou à faculté de rachapt, vsufruict, douaire, & autres choses qui rendent reuenu legitime.

III.

Or & argent monnoyé & à mónoyer, & tout ce qui se peut transporter de lieu en autre, noms, raisons, & actions pour choses mobiliaires sont meubles.

IIII.

Deniers destinez pour achapt, ou procedant de vẽte d'heritage, ou de rachapts de rentes & r'employables, sont reputez immeubles, mesmement en faueur de femmes contre leurs maris, & de mineurs contre leurs tuteurs.

V.

Fruicts pendans par les racines sont immeubles.

VI.

Toutesfois en beaucoup de lieux foins à coupper apres la my-May, bleds & autres grains apres la sainct Iean, ou qu'ils sont noüez, & raisins à la my Septembre sont reputez meubles.

VII.

Poissons qui sont en estangs apres trois ans, ou la bonde estant leuee ou mis en huches sauuouërs ou reseruouërs sont meubles: autrement sont reputez immeubles comme faisans partie de l'estang.

VIII.

Ce qui tient à fer, plomb, cloud, ou cheuille, est reputé immeuble.

IX.

Grandes cuues, & autres gros vstanciles qui ne se peuuent des assembler ny transporter sans incommodité : moulins tournans à vent ou à eau sur basteaux, ou autrement : pressouërs & artilleries, sont tenus pour immeubles.

X.

Comme aussi sont les principales bagues & ioyaux, reliques & liures des maisons des Princes & hauts Barons.

XI.

Meubles ne tiennent cotte ny ligne.

XII.

Le meuble suit le corps, & l'immeuble le lieu où il est assis.

XIII.

Tous biens sont reputez acquests, s'il n'appert du contraire.

XIV.

L'acqueſt du pere eſt le propre de l'enfant.

XV.

L'heritage eſcheu par ſucceſſion, legs, ou donation ſortit nature de propre, quand l'heritier, ou donataire, deuoit ſucceder à celuy dont il procede.

XVI.

Heritage eſchangé eſt de pareille nature qu'eſtoit le contre-eſchange.

XVII.

Terre ſans hebergement n'eſt que de demie reuenüë. Et terre cheuauchee eſt à demy mangee.

XVIII.

Tenir en franc alleu eſt tenir de Dieu tant ſeulement, fors quant à la Iuſtice.

De Seigneurie & Iustice. TIT. II.

I.

NVLLE terre ſans ſeigneur.

II.

Tous biens ſont communs, & n'y a moyens que de les auoir : mais il faut qu'ils ſoient legitimes.

III.

Car tout fut à autruy & à autruy ſera.

IIII.

Par la Couſtume de France, le Roy & les autres Seigneurs du Royaume ſont Seigneurs temporels des Eueſchez, & non les Eueſques.

V.

Les grands chemins & riuieres nauigables appartiennent au Roy.

VI.

Les petites riuieres & chemins ſont aux ſeigneurs des terres, & les ruiſſeaux aux particuliers tenanciers.

VII.

La ſeigneurie des ſeigneurs s'eſtend iuſques aux bords des grandes riuieres: & des ſujects tenanciers iuſques aux petites.

VIII.

Groſſes riuieres ont pour le moins quatorze pieds de largeur, les petites ſept, & les ruiſſeaux trois & demy.

IX.

La riuiere oſte & donne au haut iuſticier: mais motte ferme demeure au proprietaire tres-foncier.

X.

On ne peut tenir riuiere en garenne ou deffence, s'il n'y a tiltre ou preſcription.

XI.

La garenne eſt de defence tant pour la chaſſe que pour le paſcage.

XII.

Iſle eſt au ſeigneur haut iuſticier en la iuſtice duquel elle eſt plus prés, eu égard au fil de l'eau.

XIII.

Nul ne peut bastir coulombier à pied, asseoir moulin, ny bonde d'estang, ny fouiller en terre pour y tirer minieres, metaux, pierre ou plastre, sans le congé de son Seigneur, si ce n'est pour son vsage.

XIV.

Terres qui sont aux issuës des villes, bourgs & villages, ne sont defensables si elles ne sont bouchees.

XV.

Car, Qui ferme ou bouche, empesche, garde, & defend: & pour neant plante qui ne clost.

XVI.

Vignes, iardins & garennes sont defensables en tout temps.

XVII.

Bois taillis sont defensables iusques à quatre ans & vn May, & ceux qui en acheptent en doiuent faire la couppe dans le premier May, & la vuidange dans la

Magdelaine ensuiuant.

XVIII.

Prés sont defensables depuis la my-Mars iusques à la Toussaincts, ou que le foing soit du tout fenné & enleué.

XIX.

En nul temps on ne peut mener porcs en pré.

XX.

Vaines pastures ont lieu de clocher à clocher : mais les grasses n'appartiennent qu'aux communiers de la parroisse,

XXI.

Toutes accreuës sont reputees vaines pastures.

XXII.

Bestes blanches peuuent estre menees si loing qu'on veut, pourueu qu'elles retournent de iour au giste, en leur finaige,

XXIII.

Nul ne peut auoir droict d'vsage, ou pasturage, en seigneurie ou haute Iustice d'autruy, sans tiltre, ou sans en payer redeuance par temps suffisant, pour acquerir prescription, ou qu'il y ait possession immemoriale.

XXIV.

Simple vsage en Forest n'emporte que mort bois, & bois mort.

XXV.

On ne peut tendre ny chesurer en autruy domaine.

XXVI.

Le seigneur de fief faisant construire estang ou garenne y peut enclorre les terres de ses subiets en les recompensant preallablement.

XXVII.

Bornes se mettent par auctorité de Iustice.

XXVIII.

Le pied saisit le chef.

XXIX.

Le bois acquiert le plain.

XXX.

Bois est reputé haute fustaye, quand

on a demeuré trente ans ſans le coupper.

XXXI.

En moulins bannaux qui premier vient, premier engraine.

XXXII.

Mais apres auoir attendu vingt-quatre heures, qui ne peut à l'vn s'en aille à l'autre.

XXXIII.

La banlieuë eſt eſtimee à deux mille pas, chacun vallant cinq pieds: ou à ſix vingts cordes, chacune de ſix vingts pieds.

XXXIV.

Droict de mouſture eſt, que les muniers doiuent rendre du rez le comble, ou de douze, treze ou quatorze combles ou pallez.

XXXV.

Qui prend beſtes en dommage, ne les peut retenir, ains les doit mener en Iuſtice dans vingt-quatre heures.

XXXVI.

Les diſmes appartiennent aux Curez,

s'il n'y a tiltre ou possession au contraire.

XXXVII.

Coustumierement en dismeries d'Eglise n'y a point de suitte, mais bien en patrimoniales.

XXXVIII.

Disimes layes infeudees sont pures patrimoniales, & se gouuernent en tout & partout comme fiefs.

XXXIX.

Terres & choses decimales tenus en fief ne sont non plus affranchies de dismes spirituelles, que sont les autres domaines.

XL.

La Iustice est patrimoniale.

XLI.

Tous sieurs iusticiers doiuent la iustice à leurs despens.

XLII.

Fief, ressort, & iustice n'ont rien de commun ensemble.

XLIII.

Il y a iustice haute, moyenne, & basse.

XLIV.

Donner poids & mesures, tuteurs & curateurs, faire inuentaire & partages sont exploits de moyenne iustice.

XLV.

Pillorry, eschelle, quarquant, & peintures de champions combatans en l'Auditoire, sont marques de haute Iustice.

XLVI.

L'ancien coustumier porte que nul ne peut auoir Pillory en ville où le Roy en ait, mais seulement eschelle ou carquant.

XLVII.

Donner asseurement, ou congé d'ouurir terre en voye publique sont exploits de haute Iustice.

XLVIII.

Biens vacquans, terres hermes, & espaues appartiennent au haut iusticier.

XLIX.

Qui a fief, a droict de chasse.

L.

Le Roy applique à soy la fortune & treuue d'or.

LI.

Quant aux autres tresors mucez d'anciennetè, le tiers en doit appartenir au haut iusticier, le tiers au seigneur tres-foncier, & le tiers à celuy qui les a trouuez.

LII.

Mais si le proprietaire du lieu les trouue en son fonds, il doit partir par moitié auec le haut iusticier.

Des Seruitutes. Tit. III.

I.

EN villes tout mur est metoyen s'il n'appert du contraire.

II.

La marque du mur metoyen est quand il est chapperonné, ou y a fenestre des deux costez.

III.

En mur moitoyen il est loisible d'auoir fenestres sur son voisin, à verre, & fer dormans à neuf pieds de hauteur, du rez de chaussee, & à sept pieds des autres estages: mais aussi est-il loisible au voisin les estoupper en se seruant du mur, & remboursant son voisin de la moitié d'iceluy, selon son heritage.

IIII.

En mur propre encore plus, & sans que le voisin le puisse estoupper, ny s'aider d'iceluy, mais peut bastir contre, sur son fonds.

V.

Vn voisin peut contraindre l'autre de se clorre, en ville de murailles & autres cloisons, iusques à neuf pieds, & és villages de hayes vifues.

VI.

Si le voisin n'y peut contribuer, il sera quitte en baillant autant de sa place que sa part pourroit couster, ou en renon-

çant

çant à la communauté du mur.

VII.

Le fossé appartient à celuy sur lequel est le reiect. Car qui douve a, si a fossé.

VIII.

La haye vifue, buisson, terre, ou borne estans entre pré & terre, vigne, ou bois sont reputez estre du pré, & non de la terre, vigne ou bois.

IX.

Si aucun a iardin ou terre labourable, estable, cheminee, ou aysances contre mur metoyen, il y doit faire contre-mur, & s'il y a four, forge doit laisser demy-pied d'interualle vuide.

X.

Si vne maison est diuisee en telle sorte que l'vn ait le bas, & l'autre le haut, chacun est tenu d'entretenir ce qui est à soy.

XI.

Nul ne peut auoir entree, issue, glaçoir, euier, esgoust, ou goustiere, sur son voisin, s'il n'a tiltre.

XII.

Destination de pere de famille vaut tiltre.

XIII.

S'il est besoin de couurir vn toict dót l'eau doit tomber sur son voisin, il est aussi tenu de bailler place pour le tour de l'eschelle.

XIV.

Nul ne peut faire goutiere sur ruë plus bas que de vingt-deux pieds & demy.

XV.

Ceux qui bastissent aux villes peuuét tenir leurs materiaux deuant leurs maisons, pourueu qu'ils laissent espace d'vn costé de la rue pour y passer les chariots.

XVI.

Si quelques terres sonr tellement enclauees dans celles d'autruy, qu'on ny puisse entrer sans passer dedans, on le peut faire sans aucun dommage.

Des Testamens & executions d'iceux.
TILTRE IV.

I.

ENTRE testament & codicile n'y a point de difference.

II.

Vn Curé ou son Vicaire general peut receuoir testament, en presence de deux tesmoings : mais il faut qu'il soit signé du testateur & desdits tesmoings, ou qu'il soit fait mention qu'ils ne sçauent ou peuuent signer.

III.

Il faut tester selon les formes du lieu où l'on teste: Mais les dispositions prennent leur force par les Coustumes des lieux où les choses sont.

IV.

Car les Coustumes sont reelles,

V.

Institution d'heritier n'a point de lieu.

VI.

L'on ne fait pas heritier par testament qui qu'on veut de ses propres: mais bien de ses meubles & acquests.

VII.

Quand il est permis de disposer d'vne portion de ses biens, l'on la peut toute assigner sur vne seule piece.

VIII.

Pere & mere, ou l'vn d'eux, peuuent de leur viuant partir leurs biens entre leurs enfans leur legitime sauue, & est ceste disposition reputee testamentaire & reuocable, sinon que la donation eust esté effectuee & parfaicte.

IX.

Toutesfois institution par paction ou recognoissance d'heritier simple ou mutuelle, & donation particuliere par contract de mariage vaut par la loy Salique des François, & ne se peut reuoquer.

X.

Recognoissance generale du principal heritier n'empesche qu'on ne puisse s'ayder de son bien: ains seulemét qu'on aduantage vn autre au prejudice du marié, des biens qu'on auoit lors.

XI.

L'on ne peut faire rappel à succession, au profit de celuy qui en est exclus, que iusques à la concurrence de ce dont on peut disposer par testament.

XII.

En succession directe on ne peut estre heritier & legataire, aumosnier, personnier, mais bien donataire, & heritier en ligne collaterale.

XIII.

Les legataires doiuent estre saisis par l'heritier, ou par les executeurs testamentaires, quand les laigs sont immobiliaires, & s'en peuuent aussi les executeurs payer par leurs mains.

XIV.

Legataires vniuersels sont tenus pour heritiers.

XV.

Executeurs de testaments, inuentaire preallablement faict sont saisis par an & iour des biens & meubles du testateur, pour l'accomplissement de son testament, payement des laigs mobiliaires, acquit de ses debtes & forfaicts, & si les meubles ne suffisent, leur sera permis par la Iustice vendre quelque immeuble.

XVI.

L'an & iour de leur execution expirez doiuent rendre compte, auquel ils peuuent employer leur salaire, qui leur sera taxé raisonnablement.

XVII.

La cognoissance des executions testamentaires appartient aux Iuges laiz: & par preuention aux Royaux.

DE SVCCESSIONS *& hoiries.* TIT. V.

I.

LE mort ſaiſit le vif ſon plus prochain heritier habile à luy ſucceder.

II.

Il n'eſt heritier qui ne veut.

III.

Mais qui prend des biens de ſucceſſion, iuſques à la valeur de cinq ſols, fait acte d'heritier.

IV.

L'heritier ſimple exclut l'heritier par benefice d'inuentaire. Ce qu'on reſtraint aux collateraux.

V.

Iadis repreſentation n'auoit point de lieu : Maintenant elle eſt receuë quaſi par tout en ligne directe : & par beaucoup de couſtumes en la collaterale iuſques aux enfans des freres.

VI.

Où representation a lieu infiniment, ce qui eschet au pere, eschet au fils.

VII.

Ce qu'on a dict, Tant que le tige a souche, elle ne se fourche: est-ce pas, Tant que la ligne directe dure, la collaterale n'a point de lieu?

VIII.

En succession tant directe que collaterale dedans les termes de representation on succede par lignes, & hors les termes de representation par testes.

IX.

Maistre Alin Chartier dict, que par vsage & Coustume gardee de tout téps en ce Royaume, toutesfois & quantes que femme est deboutee d'aucune succession, comme de fief noble, les fils qui en viennent & descendent en sont aussi forclos.

X.

Au Royaume & Baronnies tenans

d'icceluy, representation a lieu en succeßions tant directes que collaterales.

XI.

Les heritiers sont tenus des faicts & obligations du deffunct personnellement chacun pour sa part, & hypothecairement pour le tout.

XII.

Les François, comme gens de guerre, ont receu diuers patrimoines, & plusieurs sortes d'heritiers d'vne seule personne.

XIII.

Et lors les debtes se payent au feur de ce que chacun en amende, si ce n'est és lieux où celuy qui prend les meubles & acquests paye les debtes, les propres demeurans francs & quittes aux parens lignagers: qui estoit l'ancienne coustume de la plus part du Royaume.

XIV.

Les lais & frais funeraux ne sont point reputez debtes du deffunct, ains de l'heritier.

XV.

Les propres ne remontent point, mais retournent aux plus prochains parens du costé dont ils sont venus au deffunct, qui est ce qu'on dict, *paterna paternis, materna maternis.*

XVI.

Toutesfois ce qui est donné aux enfans par leurs pere ou mere leur retourne, quand il n'y a point d'enfans des donataires.

XVII.

Les ascendans succedent aussi aux meubles & acquests de leurs enfans: autrement ils vont aux plus prochains parens du deffunct.

XVIII.

Par la pluspart des Coustumes les parens conioincts d'vn seul costé succedent auecques ceux qui sont conioincts de double ligne, suiuant les aduis de maistres Iean le Coq, Pierre le Sec, & autres anciens Sages sur ce ouys par tourbe.

XIX.

L'oncle ſuccede au nepueu auant le couſin germain.

XX.

L'oncle & le nepueu ſont en pareil degré, & ſuccedent également où il n'y a point de repreſentation. Car autrement le nepueu repreſentant, ſon pere excluroit l'oncle du deffunct.

XXI.

Repreſentation accordee en ligne collateralle ne profite qu'à celuy en faueur duquel elle eſt faicte: mais en ligne directe, s'eſtend iuſques à tous ceux qui ſe trouuent en pareil degré.

XXII.

Entre nobles le ſuruiuant ſans enfans gaigne quaſi par tout les meubles

XXIII.

Autrement la femme ne ſuccede point au mary, ny le mary à la femme.

XXIV.

Fille maieur ou mineur, noble ou roturiere, mariee par pere ou mere, ayant renoncé à leur succession à escheoir, n'y peut retourner si elle n'y est r'appellee, pourueu qu'elle ayt eu sa legitime : & tient-on plus communement que ceste legitime se doit considerer selon ce qu'il y auoit de biens lors du mariage, & non du deceds de celuy qui a doté. Ce que les Lombards & autres ont emprunté de la loy Salique ou Françoise.

XXV.

L'on a dict autresfois qu'où ramage defaut, lignage succede ; maintenant la ligne defaillant d'vn costé, les pere & mere, & autres ascendans succedent : puis l'autre ligne : & à faute de tous parens, le seigneur haut iusticier.

XXVI.

Par la Coustume de France, Capitulaires, & Ordonnances du Roy Charles sixiesme, de l'an mil cinq cens quatre-vingts six, les Ecclesiastiques succedent à leurs parens, & leurs parens à eux, & peuuent diſpoſer de leurs biens tout ainſi que les lays, jaçoit qu'ils leur ſoient aduenus ou accreus du reuenu de leurs benefices.

XXVII.

Et meſmement aux Eueſques, ores qu'ils euſſent autresfois eſté Religieux.

XXVIII.

Car autrement les Religieux ne ſuccedent point, ny le Monaſtere pour eux : & ſi ne peuuent de rien diſpoſer.

XXIX.

L'habit ne fait point le Moine, mais la profeſſion.

XXX.

Bannis à perpetuité, ny condamnez aux galeres, ne ſuccedent.

XXXI.

Le haut Iuſticier ſuccede à ſon ſubiect par faute de parens, comme le Roy aux Aubains.

Des Partages & Rapports.

TILTRE VI.

I.

QVI demande partage fait les lots: Et coustumierement l'aisné lottit, & le puisné choisit.

II.

Enfans aduantagez de pere & mere doiuent rapporter ce qui leur a esté donné en mariage, ou autrement, moitié en vne succession, moitié en l'autre, ensemble les fruicts perceus depuis la succession escheüe, ou moins prendre à la raison de la prisee qui en fut faite, ou les reparations vtiles & necessaires tousiours deduites, ou descomptees, ou de ce qu'ils en auroient eu sans fraude.

III.

Nourriture, & entretenement aux armes, eſcholes, apprentiſſage de meſtier, ou faict de marchandiſe, deſpenſe, ny don de nopces en meubles ne ſont ſubiects à rapport.

IIII.

Le fils renonçant à la ſucceſſion du pere & venant à celle de ſon ayeul, y doit rapporter tout ce qui auoit eſté donné ou preſté à ſon pere.

V.

Mais la fille ayant renoncé à la communauté ne doit rapporter ce qui fut preſté par ſon pere à ſon mary.

VI.

Rapport n'a lieu en ligne collaterale, s'il n'eſt dict.

LIVRE III.

De Conuentions, Contracts, & Obligations.

TITRE I.

I.

CONVENANCES vainquent loy.

II.

On lie les bœufs par les cornes, & les hommes par les paroles, & autant vaut vne simple promesse ou conuenance, que les stipulations de droict Romain.

III.

Il n'y a au marché que ce qu'on y met.

IIII.

C'est pourquoy vn ancien coustumier dict, que Quand mise ou arbitrage est mis sur deux qui ne se peuuent accorder, ils ne peuuent prendre vn tiers s'il ne fut mis en la mise. Ce qui est pris du du droict Ciuil.

V.

Toute debte peut l'en quitter.

VI.

Toutesfois de larrecin ou d'iniures dont il y a claim & plait l'on n'en peut accorder sans iustice.

VII.

Celuy qui auant quitte, se mes-faict,

VIII.

Qui prend obligation, ou donne terme, en debte priuilegiee, la faict commune.

IX.

Generale renonciation ne vaut.

X.

Simple transport ne saisit point.

XI.

I'ay tousiours esté d'aduis, & suis encores, Que qui promet fournir & faire valoir, s'oblige en son nom, & sans discussion : quoy qu'il ait esté iugé au contraire.

XII.

Quand deux s'obligent ensemblement l'vn pour l'autre, & vn chacun d'eux seul pour le tout, ils renoncent en effect au benefice de diuision & discussion.

XIII.

Le & cætera des Notaires, ne sert qu'à ce qui est de l'ordinaire des contracts.

XIV.

L'Entente est au diseur.

XV.

Il ne faict plaisir qui ne veut.

De Mandemens, Procureurs, & entremetteurs. Tilt. II.

I.

ASsez faict qui faict faire.

II.

Qui outre-passe sa charge chet en desaueu.

III.

Messire Pierre de Fontaine remarque, Que nostre vsage ne souffroit pas que Procureur quiere heritage à autruy, mais qu'il retient ce qu'on luy a baillé à garder.

IV.

Iadis aussi nul de pays coustuinier n'estoit receu à faire demande par Procureur en la Cour du Roy sans ses lettres de grace, si ce n'estoit pour Prelat, communauté d'Eglises, ou des villes, ou pour defendre sa cause.

V.

Ce qui n'auoit lieu en pays de Droict Escrit, ny en Cour de Chrestienté, & ce tant en matiere ciuile que criminelle.

VI.

Qui s'entremet doit acheuer.

De Communauté, Compagnie, ou societé, & principalement entre le mary & la femme.

TILTRE III.

I.

COMMVNAVTE' n'a lieu si elle n'est conuenuë par exprez, ou si la loy ou coustume ne l'ordonnent, quelque demeure qu'on face ensemble.

II.

Qui a compagnon a maistre, & principalement quand c'est le Roy.

III.

De bien commun on ne faict pas monceau.

IIII.

Qui demande partage doit faire les lots.

V.

Il faut contribuer à la refection de ce qui est commun, ou y renonce.

VI.

Si l'vn des deux ayant chose commune s'en sert, il n'est tenu d'en faire profit à l'autre, s'il n'auoit esté sommé & refusant de faire partage.

VII.

Qui espouse la femme espouse les debtes.

VIII.

Mary & femme sont communs en tous biens, meubles, & conquests immeubles, au lieu que jadis elle n'y prenoit qu'vn tiers.

IX.

Laquelle communauté est continuee entre le suruiuant, ne faisant inuentaire, & ses enfans mineurs.

X.

Et quand le suruiuant se remarie, la communauté est continuee par tiers entre luy, sa seconde femme n'ayant enfans, & sesdits enfans, & par quart si la seconde femme auoit enfans, & qu'elle n'eust non plus faict inuentaire ny partage auecques eux. Et ainsi des autres mariages.

XI.

Si le suruiuant mariant l'vn de ses enfans luy donne mariage aduenant, ceste communauté se dissoult pour son regard.

XII.

Si aucun des enfans continuant la cõmunauté, decede pendant icelle: les suruiuans y prendront telle part que s'ils estoient tous viuans.

XIII.

Le tout si bon semble ausdits enfans mineurs: autrement ils peuuent reprendre leurs droicts.

XIV.

Mary ou femme ayant melioré leur propre, ou révny quelque chose à leur fief & domaine, ou faict quelque acte qui regarde le seul proffit de l'vn d'eux, sont tenus d'en rendre le my-denier.

XV.

Quand l'on rachepte quelque rente, dót l'heritage de l'vn ou de l'autre estoit chargé, elle est confuse tant que le mariage dure: mais iceluy dissolu la moitié de la rente se reprend sur le mesme heritage.

XVI.

Toutes donations, laigs, & successiós escheuës pendant le mariage, entrent en communauté, sinon que ce fut heritage donné ou laissé par celuy auquel on deuoit succeder.

XVII.

Si quelques deniers ont esté baillez au mary, à la charge de les employer en heritages propres, & ne l'a faict: la femme ou ses heritiers renonceans à la communauté les reprendront sur ladite cómunauté: sinon sur les propres du mary decedé, & sans confusion, comme tenoit Maistre Matthieu Chartier, l'oracle du Palais. Ce qui n'a lieu quand la femme prend communauté : d'autant qu'en ce faisant elle prendroit deux fois.

XVIII.

Femme separee de biens les peut administrer sans l'auctorité de son mary, mais non les aliener.

XIX.

Le droict de pouuoir renoncer à la communauté passe à l'heritier.

XX.

Femme qui recele ou destourne n'est plus receuable à renoncer : ains est reputee commune.

XXI.

Femme renonçant à la communauté pert le don mutuel qu'elle pourroit auoir, reprent ses propres, & acquests que elle auoit auant son mariage, auec ses bons habits. Ce faisant est deschargee de toutes debtes, esquelles elle ne s'est obligee en son nom.

XXII.

Femme veufue prend part à la reparation ciuile, adiugee pour la mort de ſon mary, ores qu'elle renonce à la communauté, comme auſſi faict l'enfant ores qu'il ne fuſt ſon heritier, & ſans charge de debtes.

XXIII.

L'on ne ſe peut aſſembler pour faire corps de communauté, ſans congé & lettres du Roy.

XXIIII.

Si le mur commun d'vn voiſin penche demy-pied ſur l'autre, il peut eſtre contrainct de le refaire.

De Vente. TILTRE IV.

I.

QVI vend dict le mot.

II.

Il y a plus de fols achepteurs que de fols vendeurs.

III.

Iamais bon marché ne fut net.

IIII.

Il n'eſt pas marchand qui touſiours gaigne.

V.

Tant vaut la choſe qu'elle ſe peut vendre.

VI.

L'on n'a pas pluſtot vendu la choſe qu'on n'y a plus rien.

VII.

Deliurance de meuble vendu preſuppoſe payement.

VIII.

Quand le vendeur recognoiſt la vente, mais dict que ce fut par force, garantir luy conuient, & puis apres plaider de la force ſ'il luy plaiſt.

IX.

En choſe venduë par decret, euiction n'a point de lieu.

X.

En vente faicte par decret, ne chet reſciſion pour deception d'outre moitié de iuste prix.

XI.

Ny en vente de succession ou droicts vniuersels, ny en baux à ferme, ny en meubles par coustume generale de la France.

XII.

De tous marchez on en vuide par interest.

XIII.

Vin de marché n'entre point en cõpte du prix, pour en prendre droicts de ventes : sinon qu'il fust fort excessif.

XIV.

Il ne prend couretier qui ne veut.

XV.

Courretiers sont tenus rendre la marchandise ou le prix, par prise & detention de leurs personnes.

XVI.

Vn vendeur de cheuaux n'est tenu de leurs vices, fors de morue, pousse, corbes & courbatures : sinon qu'il les ait vendus sains & nets, auquel cas il est tenu de tous vices iusques apres huict iours de la deliurance faicte.

XVII.

Langayeurs sont tenus reprendre les porcs qui se trouuent mezeaux en la langue. Et s'il y auoit rien en la langue, & neantmoins se trouuent mezeaux dãs le corps, le vendeur est tenu en rendre le prix, sinon que tout vn trouppeau fust vendu en gros.

XVIII.

En meubles, la mesure s'en doit faire selon le lieu où la vente se faict: en immeubles, selon le lieu de leur situation.

XIX.

En vente faicte à faculté de rachap les droits sont deus au seigneur ou fermier du iour de la vente, & non de la faculté expiree.

DES RETRAICTS.

TILTRE V.

I.

IL y a trois ſortes de retraicts: conuentionnel, lignager, & ſeigneurial: & en quelques lieux vn quatrieſme a droit de bien-ſeance, & communauté.

II.

Le ſeigneurial eſt cenſuel ou feudal, & s'appelle couſtumierement droict de retenuë.

III.

Le feudal a lieu par tout le Royaume, le cenſuel en quelques couſtumes ſeulement.

IV.

Le Seigneur n'a retenuë ſur le lignager, ains retraict lignager eſt preferé au ſeigneurial, & le conuentionel à tous autres.

V.

Si le lignager retraict sur le seigneur, il luy payera ses droicts.

VI.

Mais le retraict lignager ne dure que vn an apres l'ensaisinement, sans qu'on soit tenu rien faire signifier : le seigneurial trente ans, si on ne faict sçauoir le contract.

VII.

Retraict seigneurial & conuentionel est cessible : le lignager non, si ce n'est à vn lignager.

VIII.

Retraict seigneurial a lieu tant en propres qu'en acquests, le lignager coustumierement en propres seulement. Qui est-ce qu'on dit, Qu'en conquest ne gist retraict.

IX.

Lignager sur lignager n'a droict de retenuë.

X.

Le lignager qui preuient exclut le plus

prochain, fors és lieux où l'on peut venir entre la bourse & les deniers.

XI.

Le Roy n'a droict de retraict seigneurial : aussi n'en peut-on vser contre luy : mais bien a retenuë par droict de bienseance.

XII.

L'Eglise a droict de retenuë : mais il faut qu'elle le cede, ou en vuide ses mains dans l'an & iour.

XIII.

Disme infeudee acquise par l'Eglise n'est subiecte à retraict.

XIV.

Cil ne requiert pas suffisamment les choses à retraict qui à Cour aduenant ne le requiert.

XV.

Il est au choix du retrayant faire adiourner l'acquereur pardeuant le Iuge de la personne, ou de la situation de la chose venduë.

XVI.

Congé de Cour contre le retrayant auant contestation, emporte gain de cause.

XVII.

Defaut de fournir par le retrayant à ce qu'il est tenu par les coustumes le faict dechoir du retraict.

XVIII.

Qui ne seroit habile à succeder, ne peut à retraict aspirer.

XIX.

Bastards ne sont receus à retraict.

XX.

Le fils peut retraire l'heritage vendu par son pere.

XXI.

Voire quand il n'auroit esté ny né, ny conceu lors de la vente.

XXII.

Retrait accordé volontairement sans jugement est reputé vendition.

XXIII.

Retrait n'a lieu en vsufruit, ny en meubles

bles s'ils ne sont fort precieux, & des grandes maisons.

XXIV.

En eschange d'immeubles, donation soit simple ou remuneratoire, fieffe & bail à rente non racheptable, & sans bourse deslier, retraict n'a lieu.

XXV.

Mais en emphyteose & rentes foncieres venduës, y a retraict, & non en rente racheptable.

XXVI.

L'eschange est reputé frauduleux quand l'vn des contractans se retrouue iouyssant dans an & iour de la chose qu'il auoit baillee en contreschange.

XXVII.

En rentes foncieres venduës seroit-il pas raisonnable preferer les debteurs d'icelles, suiuant quelques Coustumes.

XXVIII.

Biens confisquez vendus, ne sont subiects à retraict.

XXIX.

Tant que celuy qui n'est en ligne a des enfans qui sont en ligne, retraict n'a lieu.

XXX.

Voire la seule esperance d'auoir des enfans, par le lien de mariage conserue le droict de la ligne.

XXXI.

Mais tous les enfans estans decedez, & l'esperance faillie il y a lieu de retraict dans l'an & iour du dernier decedé.

XXXII.

Heritages vendus par decret sont subiects à retraict, dans l'an de l'adiudication.

XXXIII.

Heritage, retraict reuendu, & subiect à retraict.

XXXIV.

L'on ne peut faire conuenance au preiudice de retraict lignager.

XXXV.

Retraict lignager ne se recognoist à uartier.

XXXVI.

Et pource quand plusieurs heritages sont vendus par vn mesme contract, & par vn mesme prix, desquels les vns sont subiects à retraict, les autres non, il est au choix de l'acquereur de delaisser le tout, ou ceux de la ligne seulement.

XXXVII.

Mais le seigneur n'est contraignable prendre ce qui n'est de son fief.

XXXVIII.

Le retrayant n'est tenu payer que le prix, frais & loyaux cousts de la premiere vente, ores que la chose ait marché en beaucoup d'autres mains pendant l'an & iour du retraict.

XXXIX.

Loyaux cousts sont entendus, frais de lettres, labourages, semences, façons & reparations necessaires.

XL.

Pendant le temps du retraict l'acquereur ne peut alterer les choses au preiudice du proësme.

XLI.

L'an du retraict ne court que du iour de la saisie en roture: ou en fief, du iour de la reception en foy.

XLII.

Le seigneurial plus coutumierement court quarante iours apres le contract exhibé.

XLIII.

La faculté de rachapt n'empesche point le cours du temps du retraict.

XLIV.

Le seigneur feudal ou censuel qui a receu les droicts seigneuriaux, cheuy & composé, ou baillé souffrance d'iceux, ne peut vser de retraict.

XLV.

Mais il en est exclus pour auoir receu les cens, rentes ou autres redeuances annuelles.

XLVI.

Par coustume generale du Royaume,

le temps des retraicts lignagers & feudal court contre les mineurs, absens, croisez, furieux, bannis, & tous autres, sans esperance de restitution, contre ce qu'on tient en droict escrit.

XLVII.

Es vingt quatre heures de l'execution du retraict la nuict & le iour se cōtinuent.

XLVIII.

Tout heritage retenu par puissance de seigneurie est reputé reüny à iceluy, s'il n'y a declaration au contraire.

XLIX.

Les fruicts sont deus au retrayant du iour de l'adiournement & offres bien & deuëment faictes, ores qu'il n'y ait consignation.

L.

En matiere de retraict, & quasi tousjours le iour s'entend depuis le Soleil leué iusques au couché.

LI.

Si le lignager estant recogneu à retraict est en demeure de l'executer dans le temps, il en dechet.

De Louage. TILTRE. VI.

I.

VENDVE ou achapt passe loüage.

II

Celuy qui sert & ne parsert, son loyer pert.

III.

Il n'y a point de raison en ce qui se dict, que Mort & mariage rompent tout loüage, si on ne l'entend de ceux qui meurent ou se marient pendant le temps du loüage de leurs personnes: C'est pourquoy quelques vns dient qu'il y a au prouerbe que Mort & mariage rompent tout liaige.

IV.

Le locataire doit estre tenu clos & couuert.

V.

Le proprietaire peut contraindre son

hoste de garnir sa maison de meubles exploitables pour seureté de son loüage: Et à faute de ce, l'en peut faire sortir.

VI.

Il est permis au proprietaire faire saisir & suiure les biens meubles de son hoste, pour les termes qui sont deus, encores qu'il ne soit ny obligé ny condamné.

VII.

Les grains & biens meubles d'vn fermier & locataire sont taisiblement obligez pour les moisons & loyers du proprietaire.

VIII.

Les proprietaires sont preferez à tous autres creanciers pour les moisons & loyeurs de l'annee courant.

IX.

Le locataire peut vser de retention de ses loüages pour reparations necessaires par luy faictes du consentement du proprietaire, ou apres sommation precedente.

X.

Qui iouyt & exploicte vn heritage apres le terme finy, sans aucune denonciation, peut iouyr vn an apres à pareil prix que deuant.

XI.

Le temps du loüage finy le locataire a huict iours pour vuider: apres lesquels il y est contrainct par execution & mise de ses meubles sur les carreaux.

De Gages & Hipotheques. TITRE VII.

I.

IL y a deux sortes de gage; vif & mort.

II.

Vif-gage est qui s'acquitte de ses issuës, Mort-gage qui de rien ne s'acquitte.

III.

Mort-gage n'a coustumierement lieu qu'en deux cas: en mariages de maisnés, ou de filles, ou pour don & aumosne d'Eglises.

IIII.

Pleige, plaide, gage, rend, & bailler caution est occasions de double procez.

V.

Meubles n'ont point de suitte par hypothecque quand ils sont hors de la possession du debteur.

VI.

Toutesfois si le meuble saisi n'estoit payé par le debteur, & qu'il fut saisi par celuy qui le luy auoit vendu, il y auroit lieu de suitte, & preference.

VII.

Et pareillement au profit du creancier, si le saisi le vendoit depuis son execution.

VIII.

Item celuy qui tient le gage, a hypotheque priuilegée sur iceluy auant tous autres. Et si ne peut le debteur demander respit contre celuy, par l'Ordonnance du Roy Philippes Auguste.

IX.

Bourſe, ou argent n'a point de ſuitte.

X.

Les premiers vont deuant.

XI.

Scedule priuee recogneuë en iugement ou pardeuant Notaires emporte hypotheque du iour de la recognoiſſance ou de la negation d'icelle en iuſtice, apres qu'elle a eſté verifiee.

XII.

Et neantmoins en ſeparations de biens les creanciers chirographaires du defunct ſont preferez à tous les creanciers de ſon heritier.

XIII.

Contracts paſſez ſous ſeel de Cour laye engendrent hypotheque.

XIV.

Contracts paſſez en Cour d'Egliſe n'emportent point d'hypotheque.

XV

Les mineurs & les femmes ont hypotheque taisible & priuilegee sur les biens de leurs tuteurs & maris du iour de la tutele, & contract de mariage.

XVI.

Es cas esquels y a hypotheque taisible. les realisations, nantissements, & saisines introduictes par aucunes coustumes ne sont point requises.

XVII.

Hypotheque ne se diuise point.

XVIII.

Quand l'action personnelle concurre auec l'hypothecaire, celuy des heritiers qui ne seroit tenu que pour sa part personnellement, est tenu hypothecairement pour le tout.

XIX.

I'ay tousiours tenu & tiens encores pour reigle ce que i'ay appris de M. Charles du Moulin, Qu'en speciale hypotheque n'y a point de discution, quoy qu'il ayt esté iugé au contraire par quelques Arrests modernes.

XX.

En faict d'hypotheque, pour cens, ou rentes, il faut payer ou quitter

XXI.

Generale hypotheque de tous biens comprend les presens & à venir, & non ceux des hoirs.

XXII.

Par l'Edict de Moulin hypotheque a lieu sur les biens du condamné, du iour de la sentence confirmee par Arrest.

LIVRE IV.

DES RENTES. TITRE I.

I.

ON met sa terre en gaignage par baux à rente, cens, ou fief.

II.

Les rentes sont reelles & immobiliaires, les arrerages perſonnels & mobiliaires.

III.

En ſucceſſion ou partage de rentes conſtituees ſur particuliers, on regarde le domicile de celuy auquel elles appartiennent : En celles du Roy la ville ſur laquelle elles ſont aſſignees.

IV.

Le prix de la rente conſtituee eſtoit au denier douze par l'Ordonnance du Roy Charles ſeptieſme, de l'an 1441. reductibles racheptables à ce prix, & s'il n'apparoiſſoit du contraire.

V.

Maintenant par l'Ordonnance du Roy Henry quatrieſme, elles ſont reduites au denier ſeze.

VI.

Toute rente conſtituee en grain ou autre eſpece eſt reductible à argent ſelon le prix qu'elle a eſté venduë par l'Ordonnance de l'an mil cinq cens ſoixante-cinq.

VII.

Rentes constituees à deniers, sont rachetables à tousiours.

VIII.

Mais faculté de rachapt de rentes procedans de bail d'heritages, se prescrit par trente ans.

IX.

Si la rente estoit constituee au denier dix, elle seroit reduisible, si au dessoubs du dernier dix, vsuraire.

X.

Rentes foncieres sur heritages deuës aux Ecclesiastiques ne sont racheptablet, ores qu'elles fussent deuës sur maisons de villes, mesmes de Paris; les Ordonnances des Roys François I. & de Henry II. ayans pour ce regard esté reuoquees par celle du Roy Charles IX. suiuie & confirmee par les Arrests.

XI.

Vente d'heritages à faculté de rachapt à vil prix, duquel l'acquereur reçoit profit ou rente, à la raison de l'Ordonnance par bail à ferme par luy faict à son vendeur, est reduicte à rente racheptable. Et si tel contract estoit faict par gens qui fussent coustumieres d'vsurer, il seroit reputé vsuraire.

XII.

De rentes constituees on ne peut demander que cinq annees d'arrerages, par l'Edict du Roy Louys XII.

XIII.

Rentes infeudees non racheptables sont reputees feudales: toutes les autres sont roturieres, ores qu'elles y soient venduës & constituees sur fief.

XIV.

Tous detenteurs, proprietaires & possesseurs d'heritages chargez de rentes sót tenus personnellement & hypothequairement payer les arrerages de leur temps, & les precedens hypothequairement. Ce qu'ayant esté premierement introduit pour rentes foncieres, & realisees ou nanties, a esté depuis estendu aux rentes constituees & racheptables. Et par aduanture mal à propos.

XV.

L'effect de l'obligation personnelle est que le detenteur en peut estre executé en tous ses biens : & de l'hypothecaire, que l'heritage obligé peut estre saisy & adiugé sans qu'il soit besoin discuter ceux du principal obligé.

XVI.

Neantmoins les detenteurs s'en peuuent descharger en deguerpissant, voire mesmes les preneurs à rente, & leurs hoirs : sinon qu'il y eust promesse de fournir & faire valoir.

XVII.

Tout deguerpissement se doit faire en iustice.

XVIII.

Le preneur ou son heritier qui deguerpit, doit payer les arrerages passez, l'annee courante, & vn terme de plus.

XIX Le

XIX.

Le tiers detenteur deguerpissant apres contestation, est quitte en rendant tous les fruicts qu'il a perceus, & apres iugement en payant les arrerages escheus de son temps.

XX.

Les seigneurs censiers & rentiers peuuent proceder par saisie sur les heritages subiects à cens & rentes, laquelle tient pour les trois dernieres annees pretenduës & affermees par le seigneur non obstant opposition, tant suiuant l Ordonnance de Charles IX. de l'an 1563. que plusieurs coustumes anciennes & modernes.

XXI.

Toutes rentes sont requerables s'il n'est autrement conuenu.

XXII.

L'adiournement faict contre l'vn des detenteurs poursuiuy pour le tout, sert d'interruption contre les autres.

XXIII.

Celuy qui doit rente fonciere ou autre droict seigneurial pour raison d'aucun heritage, en doit faire veuë oculaire à son seigneur vne fois en sa vie : ou luy assigner sa rente sur heritage valable, & luy fournir de declaration.

XXIV.

Le seigneur n'est tenu faire veuë à son rentier foncier ou censier.

XXV.

Rentes sont indiuisibles.

De Cens & Champarts. TILTRE. II.

I.

LE cens est diuisible.

II.

Le cens n'est requerable, ains rendable & portable.

III.

Droicts de cens, & du premier fonds

de terre deus au seigneur direct, ne se perdent, ny par le temps, ny par decret.

IV.

Cens sur cens n'a point de lieu.

V.

Lots & ventes appartiennent à celuy qui a la seigneurie la plus proche du fonds.

VI.

En ventes d'heritages tenus à cens, soyent pures & simples ou à faculté de rachapt par decret, ou autrement, & en baux à rente racheptable, sont deuz lots & ventes, desslors du contract.

VII.

Le proprietaire ne peut tellement empirer l'heritage redeuable de cens, qu'il ne s'y puisse perceuoir.

VIII.

Mais non du contract du rachapt, suiuant la faculté accordee.

IX.

Pour rentes foncieres non racheptables volontairement venduës ou delaisſees par rachapt, ſont deus lots & ventes, comme faiſans partie de l'heritage ſubiect à icelles.

X.

Pour adiudication par decret faict pour nettoyer les hypotheques ſuiuant la conuention portee par le contract de vente, ne ſont deus lots ne ventes: ſinon entant que le prix d'icelle excederoit celuy qui auoit eſté conuenu.

XI.

En ſupplément de iuſte prix, acquiſition de plus valuë, tranſaction portant delaiſſement d'heritages, moyennant deniers baillez ſont deuë ventes à raiſon de ce qui eſt payé, & non plus.

XII.

Pour achapt de ſucceſſion vniuerſelle ne ſont deubs lots ne ventes.

XIII.

De partage, licitation, & adiudication entre coheritiers ou comperſonniers ne ſont deubs ne lots ne ventes.

XIV.

Pour vente de fruicts faicte à plus de dix ans, ſont deubs lots & ventes, & non pour vente à vie.

XV.

Qui tient terres ſubiectes à champart n'en peut leuer la deſblee ſans appeller le ſeigneur, ſur peine de l'amende.

XVI.

Terres tenuës à champart, terrage, vinage, gros cens, ou rente originaire & directe, tenant lieu de chef cens, doiuent lots & ventes au ſeigneur deſdits champart, terrage, &c.

XVII.

Terres tenuës en fief ne doiuent champart.

XVIII.

Quand droict de relief eſt deu pour roture ou cotterie, il eſt couſtumierement du double du cens, ou de la rente.

XIX.

Vn ſeigneur ſoit cenſuel ou feudal, n'eſt tenu enſaiſiner ny receuoir en foy le nouuel acquereur, ſ'il ne le ſatisfaict auſſi des anciens droicts & arrerages à luy deubs.

XX.

Le ſeigneur cenſier peut tenir en ſa main les terres vacantes, & en faire les fruicts ſiens, iuſques à ce qu'il en ſoit recogneu.

XXI.

Mais pendant le temps de ſa iouyſſance, ne luy ſont deubs cens ne rentes.

XXII.

Qui ne paye ſon cens, doit perdre ſon champ, Qui eſt ce que dient nos capitulaires, *Qui negligit cenſum, perdat agrum*.

De Fiefs. TILT. III.

I.

TOVS fiefs sont patrimoniaux, se peuuent vendre & engager sans le consentement du seigneur, & en sont les heritiers saisis.

II.

Les benefices sont resignables, & à vies.

III.

Les charges & commissions reuocables à volonté.

IV.

Tout nouueau vassal doit la foy à son seigneur, & luy en faire quelque recognoissance.

V.

Le doit aller trouuer en son chef-lieu: là demander s'il y est ou autre pour luy.

ayant pouuoir de le receuoir en foy: puis mettant le genoüil en terre, nuë teste, & sans espee, ny esperons, luy dire, qu'il luy porte la foy & hommage qu'il est tenu luy faire, à cause du fief mouuant de luy, & à luy appartenant à tel tiltre: & le requerir qu'il luy plaise l'y receuoir.

VI.

Le vassal faisant la foy, doit mettre ses mains iointes entre celles de son seigneur, disant, Sire, ou Monsieur, ie deuiens vostre homme, vous promets foy & loyauté de ce iour en auant, viens en saisine vers vous, & comme à seigneur, vous offre ce. Et le seigneur luy doit respondre, Ie vous reçoy & prens à homme, & en nom de foy vous baise en la bouche, sauf mon droict & l'autruy.

VII.

Le seigneur n'est tenu receuoir l'hommage de son vassal, par Procureur, mais s'il a excuse legitime, luy donnera souffrance.

VIII.

Le vassal ne trouuant son seigneur en son hostel, doit heurter par trois fois à sa porte, l'appeller aussi par trois fois. Et apres auoir baisé la cliquette ou verroüil d'icelle, faire pareille declaration que dessus, & en prendre acte authentique, signifié aux officiers de la iustice, ou au prochain voisin, & en laisser copie.

IX.

Les enfans ne doiuent coustumierement que bouche, & mains, auec le droict de Chambellage, qui est deu par tous.

X.

En quelques contrees la femme ne doit que la main : mais la courtoisie Françoise doit aussi la bouche.

XI.

Droict de Chambellage est vne piece

d'or au Chambellage du ſeigneur, à la diſcretion du vaſſal.

XII.

Les collateraux doiuent relief ou rachapt.

XIII.

Relief eſt le reuenu d'vne annee, choiſie en trois immediatement precedentes: ledict des Pairs, ou vne ſomme de deniers pour vne fois, au choix du ſeigneur.

XIV.

Pairs ſont compagnons tenans fief d'vn meſme ſeigneur, l'vn deſquels eſt nommé par le ſeigneur, & l'autre par le vaſſal, & ſ'ils ne ſ'accordent, ils en prennent vn tiers.

XV.

Le vaſſal eſt tenu communiquer à ſon ſeigneur choiſiſſant le relief ſes papiers de recepte & terrieres, & en bailler copie aux deſpens du ſeigneur.

XVI.

Au reuenu de l'annee ſe doit rabatre

le labourage, & en doit le ſeigneur iouyr, comme bon pere de famille.

XVII.

Mais quand le ſeigneur gaigne les fruicts à faute d'homme & de debuoirs, il les prend tels qu'ils ſont ſans rien precenter ny deduire pour les frais & labours de ſon vaſſal, & ſans rien diminuer de ce qui luy eſt deu pour ſon rachapt.

XVIII.

Si pluſieurs rachapts eſcheent en vne annee par contracts de vaſſaux, ils auront lieu ſi par leurs deceds, n'en ſera deu qu'vn.

XIX.

Si durant l'annee du rachapt ſ'en rencontre vn autre d'vne terre hommagee, qui tombe auſſi en rachapt, le ſeigneur en iouyra tant que l'annee de ſon rachapt durera: & ſ'appelle rachapt rencontré.

XX.

En eſchange & donation eſt deu rachapt.

XXI.

En vente de fief sont deubs quints pour & au lieu de l'assentement du seigneur: & en quelques lieux encores requints: & en d'autres seulement tresiesme, selon les conuentions ou coustumes des lieux.

XXII.

Es lieux où est deu relief en toute mutation, comme au Vvexin, quand quint est deu, n'est deu relief.

XXIII.

En fiefs abonnez vendus ne sont deubs quints ny requints.

XXIV.

Si le Seigneur n'est seruy de son fief, ny satisfaict de ses droicts, il le peut mettre en sa main par saisie, & en faire les fruicts siens.

XXV.

Mais tant que le seigneur dort, le vassal veille, & tant que le vassal dort, le seigneur veille.

XXVI.

Le ſeigneur de fief ne plaide iamais deſſaiſi.

XXVII.

Eſt la ſaiſie du ſeigneur preferee à toutes autres.

XXVIII.

Mais ſi les creanciers le ſatisfont de ſes droicts, il ſera tenu leur en faire main leuee.

XXIX.

Et pareillement donner ſouffrance aux tuteurs des mineurs.

XXX.

Il y a entre les Prouerbes ruraux que Souffrance à la fois vaut des-heritance, qui ſemble eſtre ce qu'on dit couſtumierement, Souffrance vaut foy, tant qu'elle dure.

XXXI.

Mineurs ny leurs tuteurs n'entrent point en foy.

XXXII.

Mais bien les bailliſtres, qui font les

fruicts leurs, & les maris pour leurs femmes, & payent relief.

XXXIII.

Aussi apres les bails finis, les maieurs & les femmes vefues y entrent comme de fief seruy, & sans payer autre relief.

XXXIV.

Qui demande souffrance doit declarer les noms & aages de ceux pour qui il la demande.

XXXV.

Souffrance se doit aussi bailler à ceux qui par essoine legitime ne peuuent faire la foy en personne.

XXXVI.

La souffrance finie l'on peut saisir à faute de foy.

XXXVII.

Vn nouueau seigneur peut sommer & contraindre ses vassaux de venir à la foy: qui est ce qu'on dit, A tous seigneurs tous honneurs.

XXXVIII.

Mais l'ancien vassal ne doit que bouche & mains.

XXXIX.

Quand vne saisie est faicte pour plusieurs causes, il suffit qu'elle se puisse soustenir pour l'vne d'icelles.

XL.

Vn seigneur peut receuoir à foy & relief tous ceux qui se presentent à luy, sauf tous droicts.

Et n'est tenu de rendre ce qui luy est pour ce volontairemeut offert & presenté.

XLI.

Si le vassal compose des droicts de son fief saisi, & ne satisfaict dans le temps qui luy auoit esté donné, la saisie se continuë. Qui est ce que dient quelques coustumes, Quand argent faut, finaison nulle.

XLII.

Le seigneur & le vassal sont tenus reciproquemene se communiquer de bóne foy leurs adueus, denombrements, & autres lettres, ou s'épurger par serment.

XLIII.

Les droits deus par le vassal à son seigneur se payent selon la coustume du fief seruant : mais les foy & hommages se doiuent faire en la forme du fief dominant.

XLIV.

Le seigneur de fief peut aussi saisir à faute de denombrement non baillé.

XLV.

Mais l'adueu bien ou mal baillé sauue la leuee, & ne faict le seigneur les fruicts siens.

XLVI.

Doit le seigneur leuer sa main de ce dont il n'est en discord, la saisie tenant pour le surplus.

XLVII.

Denombrement baillé sert de confession contre celuy qui le baille : mais ne preiudicie à autruy : ny au seigneur qui le reçoit, sinon que le vassal estant retourné vers luy apres quarante iours pour le reblandir, il ne le blasme.

Vn

XLVIII.

Vn seigneur ne peut contraindre son vassal de bailler adueu plus d'vne fois en sa vie.

XLIX.

Ce qui est recelé frauduleusement est acquis au seigneur.

L.

Vn seigneur ne peut saisir le fief de son vassal, auant qu'il soit luy-mesmes entré en foy.

LI.

Ne peut aussi gaigner les fruicts du fief ouuert par le deceds de son vassal, qu'apres les quarante iours.

LII.

Le seigneur qui a receu son vassal en foy sans aucune reseruation, ne peut saisir le fief pour les droicts par luy pretendus, ains y doit venir par action.

LIII.

L'on doit venir par action pour loyaux aydes.

LIV.

Loyaux aydes sont coustumierement deubs pour cheualerie de seigneur, ou de son fils aisné, pour mariage de fille aisnee, pour rançon, & voyage en la terre Saincte.

LV.

Le cas de rançon est reïterable, les autres non.

LVI.

Loyaux aydes sont presques ordinairement le doublage des debuoirs.

LVII.

Loyaux aydes ne passent aux filles, ores qu'elles soient Dames du fief.

LVIII.

Par roturier & non noble, & à noble & non roturier sont deubs loyaux aydes.

LIX.

Autrement pour la personne ne pert le fief sa noblesse.

LX.

Auparauāt que les fiefs fussent vrayement patrimoniaux, ils estoient indiuisibles & baillez à l'aisné, pour luy ayder à supporter les frais de la guerre, & quasi comme *prædia militaria*, qui ne venoient point en partage.

LXI.

Depuis les puisnez y ont pris quelques prouisions & appanages, qui en ont quasi par tout esté en fin faict patrimoniaux.

LXII.

L'aisné prenant tousiours quelque aduantage, selon la diuersité des Coustumes. Et paraduanture seroit-il raisonnable qu'il prit le double de chacun des autres enfans.

LXIII.

Sur tout le chef-lieu, ou maistre manoir entier, ou au lieu d'iceluy le vol du chappon, qui est vn arpent de terre ou iardin, marque de l'ancienne frugalité de nos peres.

LXIV.

Et si doit auoir le nom, le cry, & les armes pleines.

LXV.

Quand le fief consisteroit en vn hostel, il le prendroit entier luy seul, la legitime des autres sauue.

LXVI.

Si les preclostures du chef lieu excedent ce qui doit appartenir à l'aisné, il les peut auoir en recompensant ses puisnez en fiefs ou autres heritages de la mesme succession, à leur commodité.

LXVII.

Et si peut auoir la plus belle terre entiere aux mesmes conditions.

LXVIII.

Et si ne paye pas plus de debtes que l'vn de ses autres freres ou sœurs.

LXIX.

Mais nul ne prend droict d'aisnesse, s'il n'est heritier.

LXX.

Est ce droict d'aisnesse en fiefs si fauorable que l'on n'en peut estre priué, ores qu'on y eust renoncé du viuant de ses pere & mere.

LXXI.

Par l'Ordonnance du Roy Philippe Auguste, du 1. de May, de l'an 1210. (qui est par aduanture la premiere des Roys, de la troisiesme race,) les parts de l'eclypsement du fief des maisnez est tenuë aussi noblement que le principal de son aisné.

LXXII.

Est neantmoins en leur choix de releuer du seigneur feudal, ou les tenir en parrage de leur aisné, qui les acquitte de la foy pour le tout enuers le seigneur commun.

LXXIII.

L'aisné peut faire la foy & hommage pour ses puisnez.

LXXIV.

Neantmoins est loisible à vn chacun faire la foy pour sa part.

LXXV.

Le puiſné ne peut garentir ſon aiſné: & ſi n'y a garentie en ligne collaterale.

LXXVI.

Le frere n'acquitte ſa ſœur que de ſon premier mariage, & non des autres.

LXXVII.

Et en chacune branche de parrage, celle qui s'appelloit miroüer de fief par l'ancienne couſtume de Vvexin, pouuoit porter la foy pour toutes les autres.

LXXVIII.

Si l'aiſné de la ſouche ou branche, eſt refuſant ou dilayant faire la foy, le plus aagé d'apres, & les autres ſucceſſiuement la peuuent porter, & en ce faiſant couurir le fief.

LXXIX.

Entre enfans n'y a qu'vn droict d'aiſneſſe.

LXXX.

Toutesfois s'il y a diuerſes ſucceſsions, coustumes, ou bailliages: Il prendra droict d'aisnesse en chacune d'icelles.

LXXXI.

Presque par tout entre filles n'y a point de droict d'aisnesse.

LXXXII.

Entre masles venans à succession en ligne collaterale n'y a gueres prerogatiue d'aisnesse, fors du nom, du cry, & des armes.

LXXXIII.

En la mesme ligne, les masles excluent les femelles estans en pareil degré, & venans de leur chef, s'ils y viennent par representation, ils concurrent auec elles.

LXXXIV.

Mais ils en sont exclus par elles s'ils estoient si esloignez, qu'ils fussent hors des degrez de representation.

LXXXV.

Si les femelles y viennent par representation d'vn masle, elles concurrent auecques ceux qui sont en pareil degré que les representez.

LXXXVI.

Le Royaume ne tombe point en quenouille, ores que les femmes soient capables de tous autres fiefs.

LXXXVII.

Par la loy Salique les Royaume, Duchez, Comtez, Marquisats, & Baronnies ne se desmembrent point.

LXXXVIII.

Mais doit le Roy appanage à Messieurs ses freres, & enfans masles puisnez: & mariage à mes-Dames ses sœurs & filles: & les Ducs, Comtes, & Barons, recompense en autres terres.

LXXXIX.

Marque de Baronnie estoit auoir haute Iustice en ressort.

XC.

Le vassal peut desmembrer, bailler à

cens & arrentement son fief, sans l'assens de son seigneur, iusques au tiers de son domaine, sans s'en dessaisir, ou la main mettre au baston, qui est ce que l'on dit, se jouër de son fief, sans demission de foy.

XCI.

Mais ne le peut démembrer au preiudice de son seigneur.

XCII.

Le seigneur qui a ré-vny à sa table le fief de son vassal n'est tenu en faire hommage à son seigneur : mais aduenant mutation de part ou d'autre, doit faire homage du total, comme d'vn fief vny.

XCIII.

Quand vn fief aduient par confiscation à vn haut iusticier, lequel n'est tenu de luy, ou vn arriere-fief tenu de luy, il en doit vuider ses mains dans l'an & iour, ou en faire la foy & homage au seigneur feudal.

XCIV.

Le vassal est tenu aduoüer ou desaduoüer son seigneur, sinon qu'il y eust contention de tenure entre deux seigneurs, auquel cas il se peut faire receuoir par main souueraine du Roy.

XCV.

Le vassal mal desaduoüant pert son fief.

XCVI.

Car qui fief denie, fief perd. Et qui à escient faict faux adueu, commet felonnie.

XCVII.

Fidelité & felonnie sont reciproques entre le seigneur & le vassal, & comme le fief se confisque par le vassal, ainsi la tenure feodale par le seigneur.

XCVIII.

Le seigneur ré-vnissant le fief de son vassal par felonnie, le tient franc & quitte de toutes debtes & charges constituees par son vassal.

XCIX.

Autrement le ſeigneur confiſquant en eſt tenu iuſques à la valeur du fief.

C.

Vn ſeigneur de paille, feurre, ou de beurre, vainc & mange vn vaſſal d'acier.

CI.

On ne peut baſtir forteresſe au fief & iuſtice d'autruy, ſans ſon congé.

De Donations. TILTRE IV.

I.

IL n'eſt ſi bel acqueſt que de don.

II.

Toutesfois don d'heritage fait à celuy qui doit ſucceder, luy eſt propre iuſques à la concurrence de ce qui luy deuoit aduenir.

III.

Don d'heritages faict pour nopces à faire, eſt reputé propre à celuy à qui il est faict : mais quant il est faict apres le mariage, est reputé conquest.

IV.

Simple transport ne saisit point.

V.

Donner & retenir ne vaut.

VI.

Promettre & tenir sont deux.

VII.

Il vaut mieux vn Tien que deux, Tu l'auras.

VIII.

Chacun peut disposer de son bien à son plaisir, par donation entre vifs, suiuant l'opinion de tous nos Docteurs François.

IX.

Donation mutuelle soit entre vifs, soit par testament ne se peut reuoquer que par mutuel consentement : sinon que celuy au profit duquel on auroit mutuellement testé, fust decedé.

X.

Donataire mutuel est tenu auancer

les obſeques & funerailles, & debtes du predecedé : mais non les laigs teſtamentaires.

XI.

En donation faicte entre conioincts ſentent que leurs conuentions de mariage y ſoient prealablement prinſes.

XII.

Donation faicte entre vifs par perſonnes malades, dont ils decedent, eſt reputee à cauſe de mort.

XIII.

Donation faicte à cauſe de mort, ne ſaiſit point.

De Reſponſes. TILTRE V.

I.

QVI reſpond paye.

II.

De foy fy: de pleige plaid: de gage, reconfort: d'argent comptant paix & accord.

III.

Qui respond pour vn criminel corps pour corps, auoir pour auoir, n'en est pourtant tenu que ciuilement.

De Payements. TILTRE VI.

I.

AV prester amy, au rendre ennemy.

II.

Qui bien veut payer, bien se veut obliger.

III.

Qui doit il a le tort.

IV.

Qui paye mal, paye deux fois.

V.

Qui paye bien, deux fois emprunte.

VI.

Qui paye le dernier, paye bien.

VII.

C'est assez de payer vne fois ses debtes.

VIII.

Ce qui eſt differé, n'eſt pas perdu.

IX.

Or vaut ce qu'or vaut.

X.

Qui veut faire ceſſion doit confeſſer la debte en iugement, & en perſonne.

XI.

L'on peut renoncer aux reſpits: mais non au benefice de ceſſion.

XII.

Reſpits ou ceſſion n'ont lieu en debtes priuilegees, ou procedans de dol ou de crime.

XIII.

Debtes priuilegees ſont celles qui ſont adiugees par ſentences, loüages de maiſons, moiſons de grains en eſpece, ou en argent, arrerages de cens & ren- & rentes foncieres, deniers dotaux, debtes de mineurs, aliments & medicament: ou quand le creancier eſt nanty de gages, par l'Ordonnance du Roy Philippes Auguste.

XIV.

En desconfiture tout creanciers viennent à contribution au sol la liure sur les meubles: & les chirographaires & scedulliers sur les immeubles.

XV.

Car sur les immeubles, les premiers hypothecaires vont deuant.

XVI.

Desconfiture est quand le debteur faict rupture & faillite, ou qu'il y a apparence notoire que ses biens tant meubles, qu'immeubles, ne suffiront au payement de ses debtes.

XVII.

Le depost, le gage, la marchandise trouuée en nature dont le prix qui se deuoit payer est encores deu, ny autres debtes priuilegees, ne sont tenus venir à contribution, ains ont droict de preference.

XVIII.

XVIII.

Toutes appretiations de bleds, vins bois, & autres choſes, ſe doiuent faire ſur le regiſtre du rapport qui ſ'en faict en Iuſtice, & ſelon l'eſtimation commune de l'annee qu'elles eſtoient deuës. Mais les moiſſons & rentes foncieres en grain deuës à certain iour & lieu ſeront appreciees au plus haut prix qu'elles ont vallu en l'an, depuis le iour que le payement en deuſt eſtre faict.

LIVRE V.

D'Actions. TILTRE I.

TOVTES actions ſont de bonne foy.

II.

Par la Couſtume generale de France tous adiournemens doiuent eſtre faicts à perſonne ou domicile.

III.

Adiournement à trois briefs iours se font de trois iours en trois iours. Adiournement à trois iours francs, de cinq en cinq iours. Et quand ils se font à huictaine ou quinzaine, les premier & dernier iours ne sont contez que pour vn.

IV.

Les choses vallent bien peu si elle ne vallent le demander.

V.

Pour peu de choses peu de plaid.

VI.

Peu de chose est quand il n'est question que de dix liures.

VII.

Si vne demande ne passe vingt sols, iour de conseil n'en estoit octroyé.

VIII.

Fautes vallent exploicts.

IX.

Qui prend guarantie, doit laisser son

iuge, & l'aller prendre deuant celuy où le plaid eſt.

X.

Qui tire à garend, & garend n'a, ſa cauſe perdue a.

XI.

En Cour ſouueraine on plaide à toutes fins.

XII.

Le reſcindant, & le reſciſoire ſont accumulables.

De Barres & Exceptions.

TILTRE II.

I.

QVI de barres ſe veut ayder, doit cõmencer aux declinatoires, puis venir aux dilatoires, & finalement aux peremptoires : & ſi la derniere met deuant, ne ſ'aydera des premieres.

II.

Reconuention n'a point de lieu, fors

de la mesme chose dont le plaid est.

III.

Vne debte n'empesche point l'autre.

IV.

Compensation n'a lieu si la debte qu'on veut compenser n'est liquide: & par escript.

V.

Voyes de nullité n'ont point de lieu.

VI.

Exception d'argent non nombré n'a point de lieu.

VII.

Exception de vice de litige n'a lieu.

VIII.

Exception d'excommunication n'a point de lieu en Court laye.

De Prescriptions. TILTRE III.

I.

PAR l'Ordonnance du Roy Louys douziesme, gens de mestier ne peuuent demander leurs ouurages apres six mois, ny les marchands le prix de leurs marchandises apres vn an.

I I.

Toutes actions d'iniures, de loüages de seruiteurs, de dommage de bestes, de payement de tailles, imposts, billets, guets, fourrages, foüages, vientrages, detaux & amendes, à faute d'auoir moulu ou cuit en moulins & fours bannaux, sont tolluës par an & iour.

I I I.

Messire Pierre de Fonteines escript, que barres ou exceptions de force, de peur, de tricherie, ne duroient qu'vn an, par l'ancien vsage de la France.

I I I I.

Aujourd'huy toutes rescisions de cõtracts faicts en minorité, ou autrement indeuëment, se doiuent intenter dedans dix ans de la minorité, ou du legitime empeschement cessant, suiuant les Ordonnances des Roys Louis douziesme, & François premier.

V.

Prescription d'heritage, ou autre droict reel s'acquiert par iouyssance de dix ans entre presens, & vingt ans contre absens aagez & nō priuilegiez, auec tiltre & bonne foy: & sans tiltre, par trente ans.

VI.

Ceux qui sont demeurans en diuers bailliages Royaux, sont tenus pour absens.

VII.

Prescription de dix, vingt ans, ny de trente ans, ne court contre les pupils, ny en effect contre les mineurs, en estans releuez tout aussi tost qu'ils le requierent.

VIII.

L'action personnelle, & toute faculté de pouuoir rachepter chose venduë ne se prescript que par trente ans, ores que ces mots, *toties quoties* y fussent suiuant l'aduis de l'Aduocat Dix hommes, qui a esté suiuie par les Arrests.

IX.

L'action hypothecaire se prescript par vn tiers par dix ans entre presens & vingt ans entre absens, auec titre & bonne foy, & sans titre par trente ans, & par le debteur ou son heritier, ou par vn creancier posterieur, tant comme le debteur commun vit, par quarante ans.

X.

Toute prescription annale, ou moindre coustumiere, court contre les absens & mineurs, sans esperance de restitution.

XI.

Contre l'Eglise n'y a prescription que de quarante ans, par les Ordonnances du Roy Charles le Grand, & de Louis son fils, conformement aux constitutions de leurs predecesseurs Empereurs.

XII.

En nouueaux acquests faicts par gens d'Eglise ils ne sont non plus priuilegiez que les lais.

XIII.

Si dedans l'an & iour de l'approbation faicte de leur contract, ils ne sont sommez d'en vuider leurs mains, ils n'y peuuent plus estre contraincts.

XIIII.

Et par trente ans ils en prescriuent l'indemnité, & le droict d'amortissement par cent ans.

XV.

Car contre le Roy n'y a prescription que de cent ans, Qui est ce qu'on dit communement, Qui a mangé l'oye du Roy, cent ans apres en rend la plume.

XVI.

Possession centenaire & immemoriale vaut tiltre.

XVII.

Toutesfois en exemption ou possession de grosses dixmes pretendues par personnes layes, faut alleguer tiltre auparauant le Concile de Latran, & prouuer sa possession immemoriale.

XVIII.

Mais la qualité & quotité d'icelles se

peut par eux prescrire par quarante ans, suiuant la Philippine.

XIX.

Possesseur de malle-foy ne peut prescrire.

XX.

Toutes les choses des Croisez sont en protection de saincte Eglise, & demeurent entieres & paisibles iusques à leur repaire, ou qu'on soit certain de leur mort.

XXI.

En doüaire & autres actions qui ne sont encores nees, le temps de la prescription ne commence à courir que du iour que l'action est ouuerte.

XXII.

Entreprises qui se font dessus ou dessous ruë publique ne se prescriuēt iamais.

XXIII.

Le vassal ne prescript contre son seigneur, ny le seigneur contre son vassal.

XXIV.

Le cens & la directe sont aussi imprescriptibles.

XXV.

Mais ils ſe peuuent preſcrire par vn ſeigneur contre l'autre, par trente ans, & contre l'Egliſe par quarante.

XXVI.

Veuës & eſgouſts n'acquierent point de preſcription ſans tiltre.

XXVII.

Souffrance & accouſtumance eſt deſheritance.

XXVIII.

En toutes choſes indiuiſibles l'interruption faicte contre l'vn profite contre tous.

XXIX.

Ancienneté a auctorité.

De Poſſeßion, Saiſine, complainte, ou cas de nouuelleté, ſequeſtre, recreance, & maintenuë. TIT. IV.

I.

POSSESSION vaut moult en France, encores qu'il y ayt du droict de proprieté entremeſlé.

II.

En toutes ſaiſines, le poſſeſſeur eſt de

meilleure condition & pource, *Qui possidet & contendit, Deum tentat & offendit.*

III.

Le viager conserue la possession du proprietaire.

IIII.

Tout possesseur de bonne foy faict les fruicts siens.

V.

Il ne prend saisine qui ne veut.

VI.

Apprehension de faict equipolle à saisine.

VII.

Dessaisine & saisine faicte en presence de Notaires & de tesmoings vaut, & equipolle à tradition & deliurance de possession.

VIII.

Toutesfois l'on ne peut acquerir vraye saisine en fief sans foy, ou assentement du seigneur.

IX

Iouïssance de dix ans vaut saisine

X.

Qui a iouy par an & iour d'aucune choſe reelle, ou droict immobiliaire, par ſoy, ou ſon predeceſſeur *non vi*, *non clam*, *non precario*, en a acquis la ſaiſine & poſſeſſion, & peut former complainte dans l'an & iour du trouble à luy faict.

XI.

En cas de nouuelleté ſe faut bien garder de dire qu'on ait eſté ſpolié, mais ſimplement troublé, ou dejetté de ſa poſſeſſion par force.

XII.

Trouble s'entend non ſeulement par voye de faict, mais auſſi par denegation iudiciaire.

XIII.

Au Roy ou à ſes Baillifs & Seneſchaux appartient, par preuention, la cognoiſſance des complaintes de nouuelleté en choſe prophane, & priuatiuement à tous autres iuges, en matiere beneficiale, par recognoiſſance meſme des Papes de Rome.

XIV.

En complainte de nouuelleté y a amende enuers le Roy, & la partie.

XV.

Pour simples meubles on ne peut intenter complainte, mais en iceux eschet adueu & contre adueu.

XVI.

Pource les executeurs de testament ne peuuent former complainte.

XVII.

Succession vniuerselle de meubles, & generalement toutes choses qui ont nature d'heritages ou de droict vniuersel cheent en complainte.

XVIII.

Cessation, contradiction, & opposition valent trouble de faict.

XIX.

Cas sur cas, ou Main sur main, n'a point de lieu, ains se faut pouruoir par opposition.

XX.

L'on dict vulgairement qu'entre le Roy, le seigneur & le subiect, ou vassal n'y a point de nouuelleté.

XXI.

De chose qui touche delict ne se peut

dire aucun en ſaiſiné, & ne fait à ouyr en complainte, ne par vſagé, ne par couſtume. XXII.

Veuë a lieu en ſimple ſaiſine, mais non en cas de nouuelleté. Car l'oppoſition que l'on y forme vaut veuë.

XXIII.

Qui chet en la nouuelleté, pour n'auoir iouy an & iour auparauant le trouble, peut intenter le cas de ſimple ſaiſine.

XXIV.

En ſimple ſaiſine ne ſe faict aucun reſtabliſſement, ains vn ſimple adiournement : & n'y a lieu de recreance, ny ſequeſtre. XXV.

Celuy qui verifie ſa iouyſſance par dix ans, ou la plus grande partie d'iceux auparauant l'an du trouble, recouure par le cas de ſimple ſaiſine la poſſeſſion qu'il auoit perduë. XXVI.

En ſimple ſaiſine les vieux exploicts vallent mieux : en cas de nouuelleté, les nouueaux ou modernes.

XXVII.

Car la recreance s'adiuge à celuy qui prouue sa derniere possession par an & iour, & qui a le plus apparent droict.

XXVIII.

Si le creancier pert la maintenuë, il doit rendre & restablir les fruicts.

XXIX.

Quand les preuues des possessions sont incertaines, où y a crainte que l'on ne vienne aux mains, la complainte est fournie, & les choses côtentieuses sequestrees.

XXX.

Sequestre garde, & la main de Iustice ne desaisit & ne preiudicie à personne.

De Preuues, & Reproches. TIT. V.

I.

IL y a aux prouerbes ruraux, que Fol est qui se met en enqueste.

II.

Ouyr dire va par ville, & En vn muy de cuider, n'y a point plein poing de sçauoir.

III.

Scel authentique fait foy par les Coustumes.

IV.

Tesmoings passent lettres.

V.

Les plus vieux tiltres ne sont pas les meilleurs.

VI.

Les sergens, messiers, & forestiers, sont creus de leurs prises & rapports iusques à cinq sols.

VII.

A face hardie vne preuue ne nuit.

VIII.

Vne fois n'est pas coustume.

IX.

Coustume se doit verifier par deux tourbes, & chacune d'icelles par dix tesmoins.

X.

Reproches generaux ne sont admis, non plus que de familier, amy, & seruiteur, s'il n'est domestique & ordinaire.

XI.

Faicts de reproches d'estre larron, parjure, infame, rauisseur, & autres crimes, ne sont

sont receus, s'il n'y a eu sentence ou composition.

XII.

Pauureté n'est pas vice, mais en grande pauureté n'y a pas grande loyauté.

XIII.

En matiere criminelle les reproches demeurent à l'arbitrage des Iuges.

XIV.

Reprobatoires de reprobatoires ne sont receus.

LIVRE VI.

De Crimes & Gages de bataille. TITRE I.

I.

EN demande de delict n'eschet iour de conseil.

II.

Voyes de faict sont defenduës.

III.

La volonté est reputée pour le faict.

IV.

Tel cuide ferir qui tuë.

V.

Assez escorche qui le pied tient.

VI.

Il ne se donne plus treve ny paix entre les subiects du Roy : mais on les met en asseurance & sauue-garde.

VII.

Sauue-garde n'est pas enfrainte par parole, mais par faict.

VIII.

Tous delicts sont personnels, & en crime n'y a point de garend.

IX.

Encores qu'en tous crimes nous ne poursuiuions que nostre interest ciuil, sans qu'il soit besoing d'aucune inscription, si la gardōs nous en crime de faux.

X.

Qui s'enfuit, ou brise la prison estant du cas attaint, s'en rend coulpable, & quasi conuaincu.

XI.

Vn malade blessé ne se lairra pas visiter au mire ou barbier, si celuy qui a faict le delict n'est prisonnier.

XII.

On ne peut tenir le corps & les biens.

XIII.

Tout prisonnier se doit nourrir à ses despens s'il a dequoy : sinon le Roy ou le haut iusticier en crime, & pour debte ciuile, sa partie.

XIV.

Tous vilains cas sont reniables.

XV.

L'on tient maintenant que le cas priuilegié attraict à soy le delict commun: ce qui n'auoit point de lieu iadis.

XVI.

L'on ne peut accuser vne femme d'adultere, si son mary ne s'en plaint, ou qu'il en soit le maquereau.

XVII.

Il est larron qui larron emble.

XVIII.

Encores que nier ne soit larrecin, si est-ce de larrecin.

XIX.

Pour larrecin n'eschet gage de bataille.

XX.

Ny pour autre crime où il n'eschet peine de mort.

XXI.

En faict de bataille le defendeur est tenu de confesser, ou nier le fait, dés le mesme iour qu'il reçoit le cartel.

XXII.

L'appellé en combat a le choix des armes & de la forme du combat.

XXIII.

En France personne n'est tenu prendre, ny bailler champion, quoy que l'Empereur Frideric ayt ordonné le contraire.

XXIV.

Ny de combatre auant vingt & vn an de son aage.

XXV.

Qui ne combat quand la bataille est assignée & iurée és mains du Prince, pert les armes, & est tenu pour vaincu.

XXVI.

Et si le demandeur ne rend le deffendeur vaincu dans le Soleil couché, le demandeur pert sa cause.

XXVII.

Le desmentir & offre de combat sauue l'honneur a celuy qui est taxé de trahison.

XXVIII.

Le mort a le tort, & le batu paye l'amende.

XXIX.

Maintenant toutes guerres & combats sont deffendus, & n'y a que le Roy qui en puisse ordonner.

XXX.

La peine du vaincu estoit la mort, ou mutilation de membres : mais la loy de Tallion fut pour ce regard introduite, par l'establissement du Roy Philippes Auguste, tant contre l'appellant que l'appellé.

De Peines & Amendes. TILTRE II.

I.

LEs amendes & peines couſtumieres ne ſont à l'arbitrage du Iuge, les autres ſi.

II.

La peine de Talion n'eſt point maintenant ordinaire en France.

III.

Toutes peines requierent declaration.

IV.

Le faict iuge l'homme.

V.

Qui faict la faute, il la boit.

VI.

Par compagnie on ſe faict pendre.

VII.

Pour ſaiſie briſée y a amende de ſoixante ſols.

VIII.

Qui briſe vne franchiſe briſe toutes les autres.

IX.

Infraction de sauue-garde & d'asseurance iuree par la coustume de France merite la hart.

X.

Feu Monsieur Marillac, Aduocat du Roy, souloit dire, que tout dol meritoit punition extraordinaire, & corporelle, ores qu'il fust traicté en matiere ciuile.

XI.

Les amendes des meslées ou forfaicts commis de nuict sont doubles.

XII.

Messire Pierre de Fontaines escrit que les actions penales n'ont point de lieu, & qu'on faict rendre les choses sans plus auec l'amende au Seigneur. Qui est ce qu'on dit: A tout meffaict n'eschet qu'amende.

XIII.

La longueur de la prison emporte vne partie de la peine, & ne confisque point les biens, ores que la punition en fust perpetuelle.

XIV.

Iamais on n'aduance les verges dont on est battu.

XV.

La peine du foüet infame.

XVI.

Il n'est pas foüetté qui veut : Car qui ne peut payer en argent, le paye en son corps.

XVII.

L'homme qui se met à mort par desespoir confisque enuers son Seigneur.

XVIII.

Le corps du desesperé est traisné à la Iustice, comme conuaincu & condamné.

XIX.

Qui confisque le corps, confisque les biens.

XX.

La confisquation des meubles appartient au seigneur duquel le confisqué est couchant & leuant, & des immeubles aux seigneurs hauts iusticiers des lieux où ils sont assis.

XXI.

Sinon que ce fust pour crime de leze-Majesté, ou le Roy prend tout : ou de fief, auquel le seigneur prend ce qui est en son fief, ores qu'il n'eust iustice.

XXII.

Crimes feudaux sont felonnie, ou faux adueu à escient.

XXIII.

L'homme condamné aux galeres, ou banny à perpetuité, ou à plus de dix ans confisque ses biens, & ne peut succeder.

XXIV.

Le seigneur iouïra des biens appartenans par vsufruict à son subiect condamné, tant que le condamné viura.

XXV.

Pour le meffaict de l'homme, ne perdent la femme ny les enfans leurs doüaire & autres biens.

XXVI.

Ny elle sa part des meubles & acquests de son mary, par l aduis de Maistre Charles du Moulin, ſuiuy contre les anciennes Couſtumes de la France: Conformement au priuilege octroyé aux Pariſiens, en l'an 1431.

XXVII.

Femme mariee condamnee, ne confiſque que ſes propres, & non la part qu'elle auroit aux meubles & acqueſts.

XXVIII.

En crimes qui meritent la mort, le villain ſera pendu, & le noble decapité.

XXIX.

Toutesfois où le noble ſeroit conuaincu d'vn villain cas, il ſera puny comme villain.

XXX.

L'on diſoit communement, Que les nobles payent ſoixante liures d'amende, où les non nobles payent ſoixante ſols.

XXXI.

Mais en crimes les villains ſont plus griefuement punis en leurs corps que les nobles.

XXXII.

Et où le vilain perdroit la vie ou vn

membre de ſon corps, le noble perdra l'honneur & reſponce en Cour.

XXXIII.

De toutes amendes eſtans en loy les femmes n'en doiuent que la moitié.

XXXIV.

Mais les iniures faictes aux femmes ſe puniſſent au double.

XXXV.

La plus grande peine & amende attire & emporte la moindre.

De Iugements. TILTRE III.

I.

IL plaide bel, qui plaide ſans partie.

II.

Les cautions iudicaires n'ont point de lieu entre les François.

III.

Meſſire Pierre de Fontaines dit, Que noſtre vſage ne faiſoit rendre aucuns deſpens de plaid: ce qui eſtoit auſſi porté par vne ancienne ordonnance du Roy ſainct

Louis : mais au lieu de ce y auoit amende aux hommes & à la Cour, & vne peine de la dixiesme partie de la chose controuersee, iusques à ce que par l'Ordonnance du Roy Charles IV. dit le Bel : l'on a pratiqué le *victus victori*, du pays de droict escrit, & la peine dessusdite esté abolie.

IIII.

Comme depuis l'amende du fol appel a esté introduicte par l'Ordonnance du Roy François I. contre ceux du mesme pays.

V.

Le Roy, & les seigneurs en leurs iustices, y plaident par leurs Procureurs.

VI.

Et n'y payent aucuns despens, ny n'en reçoiuent.

VII.

Deffaut ne se donne contre le Procureur du Roy.

VIII.

L'on souloit dire, De l'homme mort,

le plaid est mort : mais ceste disposition du droict Romain a esté corrigee par les Arrests, & l'ordonnance de l'an 539.

IX.

En petitoire ne gist prouision.

X.

Au rapport des iurez foy doit estre adioustee en ce qui est de leur art, s'il n'en est demandé amendement.

XI.

Les Iuges doiuent iuger certainement & selon les choses alleguees & prouuees.

XII.

Et ne peuuent estre pris à parties en leurs noms s'il n'y a dol, fraude ou concussion.

XIII.

Sage est le Iuge qui escoute, & tard Iuge. Car de fol Iuge briefue sentence.

XIV.

Necessité n'a point de loy.

XV.

Par le droict ancien de la France le contumax perdoit sa cause bonne ou mauuaise, ciuile ou criminelle. Auiourd'huy il faut iustifier sa demande.

XVI.

Erreur de calcul ne passe iamais en force de chose iugee.

XVII.

I'ay souuent ouy dire à feu Monsieur l'Aduocat du Mesnil, Que les belles offres faisoient perdre les beaux procez.

XVIII.

Et à feu M. Bruslard President aux Enquestes, Qu'au iugement d'vn vil procez, il se falloit contenter de ce qui s'y trouuoit, sans y rechercher ou interloquer dauantage.

XIX.

Vne voix n'empesche point partage.

XX.

En matiere criminelle n'y a partage: ains passe le iugement à la plus douce opinion.

Des Appellations. TILTRE IV.

I.

LEs Sentences ne se peuuent reformer que par appel, & non par nullitez alleguees contre icelles.

II.

Les appellations sont personnelles.

III.

Par la coustume du Royaume on deuoit appeller Illico, autrement on n'y estoit iamais receu.

IV.

Les Iuges Royaux dont est appel ne peuuent estre prins à partie, s'il n'y a dol, fraude, ou concussion.

V.

Les Iuges non Royaux sont tenus de soustenir leur Iugé au peril de l'amende sur eux, ou leur Seigneur.

VI.

Ceux qui ont failly en faict & en droict doiuent aussi l'amende à la discretion de la Cour.

VII.

En cause d'appel és pays Coustumiers on ne se pouuoit accorder sans lettres du Roy.

VIII.

Le villain ne pouuoit fausser le iugement de son Baron, mais par l'establissement de la Cour de Paris, à Paris toutes appellations s'y peuuent releuer.

IX.

Toutes appellations ont effect suspensif & deuolutif, sinon que par l'ordonnance les iugemens soient executoires nonobstant oppositions ou appellations quelconques.

X.

Ce qui est irreparable en definitiue, ne s'execute par prouision.

IX.

Si celuy qui est donné tuteur en appelle, il ne laisse d'en estre chargé pendant l'appel.

XII.

Les appellations comme d'abus ont lieu quand il y a contrauention ou entre-

prise

prise contre les saincts decrets, libertez de l'Eglise Gallicane, Arrests des Cours souueraines, Iurisdiction seculiere ou Ecclesiastique. Et tient-on qu'elles sont de l'inuention de Messire Pierre de Cugnieres, ores qu'elles semblent plus modernes.

XIII.

Le Iuge d'appel execute le iugement par luy donné ou confirmé

D'executions & Decrets. TILTRE VI.

I.

L'On ne commence iamais par execution ou saisie, si ce n'est en vertu d'vn contract garantigié, iugement, ou chose priuilegiée. Car voyes de faict sont defendues.

II.

Et s'il n'eschet prouision, en ce qu'il seroit irreparable.

III.

Le mort execute le vif : & non le vif, le mort : c'est à dire, Que tout droict d'execution s'esteint auec la personne de l'obligé ou condamné.

IV.

Par coustume & vsance gardee en Cour laye garnison se faict és mains du Sergét porteur de lettres passees sous seel Royal ; nonobstant opposition : voire nonobstant l'appel, par l'ordonnance du Roy Charles VIII. de l'an 1484.

V.

Lettres vne fois grossoiées, ne peuuent estre regrossoyees sans appeller la partie, & ordonnance de Iustice.

VI.

Lettres Royaux & commissions ne sont valables, ny les iugemens executoires, apres l'an & iour.

VII.

Toutesfois prise de corps ne se suranne point, & s'execute nonobstant toutes appellations.

VIII.

De Presles & de Marcueil tiennent que celuy qui peut estre arresté par la loy & & priuilege de ville, est tenu d'y eslire domicile.

IX.

Ceux qui vont ou reuiennent de foires, iugement ou mandement du Roy ne peuuent estre arrestez pour debtes quoy qu'elles soient priuilegees.

X.

Le Roy ne plaide iamais dessaisy.

XI.

Saisie sur saisie ne vaut.

XII.

Les saisies sont annales, ou pour le plus triennales.

XIII.

Vn sergent est creu du contenu en son exploict, & de sa prise, iusques à cinq sols.

XIV.

Toute cognoissance de cause luy est defenduë.

XV.

Vn decret adiugé, vaut des-heritance.

XV.

Vn decret nettoye toutes hypotheques & droicts, fors les censuels & feudaux.

XVII.

Le poursuiuant criees n'est garend de rien fors de solennitez d'icelles.

XVIII.

L'on se peut opposer sur le prix entre l'adiudication & le scellé.

XIX.

Tout achepteur, gardien, & depositeur des biens de iustice, & obligé pour chose iudiciaire, est contraignable par corps, sans qu'il puisse estre attermoyé, ny receu à faire cession.

XX.

Toutes debtes du Roy sont payables par corps.

XXI.

Rebuffe dit que l'on tient pour reigle en France, ce que plusieurs Coustumes dient, Que respits ny cessions de biens, n'ont lieu en debte deniee & adiugee, loüage de maisons, moissons en grains ou en deniers, debtes de mineurs contre leurs tuteurs, victuailles, seruice de mercenaires, & condemnation d'interest procedant de delict, & quelques autres.

De Tailles & coruees. TILTRE VI.

I.

LEs tailles sont personnelles, & s'imposent au lieu du domicile, le fort portant le foible.

II.

Le domicil' s'acquiert par an & iour: & se prend au lieu où l'on couche & leue au iour sainct Remy.

III.

Qui n'a ne peut, & où il n'y a que prendre, le Roy pert son droict.

IV.

Besoing ou necessiré n'a loy.

V.

Les collecteurs doiuent estre tenus de faire le mauuais bon

VI.

Coruees à la volonté sont limitees à douze l'annee, se doiuent faire d'vn Soleil à l'autre : n'en peut on prendre plus de trois en vn mois, & en diuerses sepmaines.

VII.

Noble n'est tenu de payer taille, ny faire viles coruees à son seigneur : mais le seruir en la guerre, & autres actes de noblesse.

VIII.

Coruees se doiuent faire aux despens de ceux qui les doiuent : sinon que l'on retienne les debteurs d'icelles pour le lendemain, auquel cas on les doit gister & nourrir.

IX.

Coruees, tailles, guets, gardes, & questes n'ont point de suitte, ne tombent en arrerages, & ne peuuent estre vendus ny transportez à autruy.

X.

En assiette de terre, coruee, ou peine de vilain n'est pour rien comptee.

Viue, Vale, & si quid nouisti rectius istis,
Candidus imperti, si non, his vtere mecum.

www.ingramcontent.com/pod-product-compliance
Ingram Content Group UK Ltd.
Pitfield, Milton Keynes, MK11 3LW, UK
UKHW020146220726
13923UKWH00001B/385